先降噪再聚焦

做自己的人生規劃師，建立「消除雜訊、激發潛能」的高效能原則

洪瀞——著

推薦序

亂世的寶典

NU PASTA總經理／職場作家
吳家德

洪瀞除了帥氣外，還有靈敏的頭腦。

認識洪瀞，是在一場公益活動。當時，他是臺上的講者，我是聽眾。因為得知他在臺南的成功大學任教，我思忖都住在府城，未來碰面的機會一定很多，遂在演講結束後，對他自我介紹。

一般人對大學理工教授應該都會有刻板的印象。個性偏向拘謹嚴肅，談吐比較科學邏輯，是他們的標配。但當天與洪瀞聊天，讓我感覺非常不同。他面帶微笑，個性靦腆，我們聊的話題從學習成長到親子教養，他都能侃侃而談。我便告訴他，有空可以來我家坐坐喝杯咖啡，讓友誼增溫，也得到他的認可。

後來真不巧，新冠疫情在我們認識的幾個月之後爆發，我們見面的機會也就被隔離了。但幸好還有臉書這個社群平臺，可以看到彼此的動態。我常說，「友誼開始初，記得加臉書」，就是有這個好處。

等到疫情逐漸解封，我與洪瀞的交流便開始變多。一開始，我請他來我家喝咖啡，聊人生。接著，他便請我到成大圖書館對上百位學生演講。多來多往之後，對彼此的了解就更加深入對頻。

我年紀大洪瀞十餘歲，在職場闖蕩的資歷當然比洪瀞多很多。這些年，只要洪瀞來我家，或我們一起在外頭參加講座，他都隨身帶著筆記本，把我說的觀點與想法記下來。我深深覺得，他明明就是一位才華洋溢的老師，卻持續精進自己不足的地方，讓我非常欽佩他的研究精神。

洪瀞的新書《先降噪，再聚焦：做自己的人生規劃師》，建立「消除雜訊、激發潛能」的高效能原則》非常落地務實。我閱讀之後，發現這是一本適合上班族與學生的好書，對於有志提升思考能力、邏輯推理、目標設定、問對問題，也勇於面對人生挑戰、培養自信的讀者很有幫助。

人生是一條單行道，生活中多一點樂趣，少一點煩憂，便是「歲月靜好」的象徵。洪瀞這本書，讓我們在亂世或快速變動的社會中，找到梳理自己安定生活的法寶，引領我們大步邁進，走向屬於自己的幸福之路。

教育的力量

駐歐盟兼駐比利時代表處／教育參事兼教育組長
李彥儀

結識洪瀞這位願意回國耕耘奉獻的年輕學者多年。每次見到他臉上總是散發著為教育而努力的燦爛笑容，每每都能被他的教育愛所感染。

洪瀞以個人學習的心路歷程為背景，結合循序漸進的教育知識為基礎，搭建一套能讓人認真對待自己內心以激發潛在能力的書籍，值得讚許。

誠如洪瀞的細膩觀察，每個人的內心都像是一座城堡，經常被外在事物圍繞鎖住。因此，如果我們經常回應自我內心的聲音，給自己設定短中長程的目標，透過最基礎的學習及經驗的累積，逐步展開邁向自我期許的方向，機會總是會給準備好的人。

年輕世代的學人，願意回國、回家鄉奉獻，努力為下一代學子們耕耘，讓我們看到「教育的力量」在校園逐漸茁壯成長。

期許每個人在閱讀這本書後，能像洪瀞一樣，找到自我的價值，遇見更好的自己。

在生命迷霧中找尋到前路

作家／丹鳳高中圖書館主任
宋怡慧

認識一個人始於文字，終於人品。生命的旅程中，最重要的不是起點在何方，而是你願意投入多少熱情去「執行」你相信的人生藍圖。正如《一代宗師》說的：「念念不忘，必有迴響。」沒有深切經歷過的人生，就無法圓滿地收割人生果實。畢竟真正的生命成就，恰似一棵深植於時光沃土的蒼翠之樹，需要歲月的澆灌與耐心的守候。

人生猶如一場未知的冒險，沒有既定的路線圖，也無標準答案可以依循。我們擁有的，是內在的勇氣與智慧，帶領我們去探索生命無限可能的自由。因而，在這趟人生的追尋旅程中，難免會遇到迷霧重重的岔路，讓人不禁思索著：該往哪個方向前進？又該培養什麼樣的能力才能成功走出「迷宮」？

洪瀞的《先降噪，再聚焦》讓我知道，每個人都是自己人生的主角，更是獨一無二的生命規劃師。每個人在想像自己人生時，就像一位在品玩遊戲的玩家，我們會先制定「攻略指南」，為冒險遊戲做好事前的準備，專注地完成屬於自己的精采路線。就像臺灣隊在世界十二強棒球賽中擊敗日本的感動震撼時刻，「臺灣隊長」陳傑憲格外令人動容的一席話：「即使不被看好、不被認同，但我們仍一步一步地走向終點。」這份堅持到底的精神，以及相信自己的力量，與書中「認真做自己」的理念不謀而合。

洪瀞從「構築內心護城河」到「命運只犒賞持續學習的人」，有系統性地闡述一個人該如何擘劃屬於自己的精采人生。書中不僅提供完整的思維框架與行動方案，更以簡潔有力的文字，以及動人的生命故事，為讀者築起人生想像的堅實根基。即便是面對ＡＩ時代快速變遷的浪潮中，作者也以獨特的「貴族視角」提供讀者一條嶄新的思路，教導我們如何在驚濤駭浪中保持從容，在危機中尋得轉機的創意與膽識。

回首過往，我曾深陷過度完美主義的迷思，不只錯失眼前機會，也喪失自我挑戰的契機。作者透過水管工與流體力學教授的故事，生動描繪理論與實踐的微妙關係。同時，書中提出的「最小可行方案」概念，特別適合那些經常躊躇不前的人——讓我們能從基本可行的計劃出發，在實踐中持續精進技能，最終務實地朝目標邁進，並優雅地抵達絢麗的人生終點。

書中作者特別提醒讀者要為自己保留「Me Time」，在繁亂迷惘的時刻，務必保持冷靜的態度，維持自我成長的空間。這本書宛如一部安頓心靈的哲思錄，在喧囂的時代中，指引我們保持心靈的澄澈、思維的獨立，並建立專屬的行事原則。我很喜歡作者巧妙舉出降噪耳機的原理，闡述人生需要一道能「中和抵銷」外界噪音，打造心靈屏障的妙喻。在我看來，這是一本不只能激發讀者內在熱情的書籍，更是指引我們自我實踐的指南。

洪瀞的文字讓我們在變動中得以找到自己的定位，在挑戰中淬鍊出不凡的生命高度。這本書以先知般的洞察力，照亮追尋夢想者的前路，也如同智慧的嚮導般，帶領我們探索屬於自己獨特的精采人生。

哥倫比亞博士洪瀞，不講成功學但教你革面洗心

《要有一個人》作者／醫師
楊斯棓

《大局》、《世局》的作者紐約聞人黃文局在欣葉餐廳包廂宴客，我因兩度為其作序，兩度受邀出席其新書發表會演講因而與會。

局叔向來疼惜年輕人（比他年輕都算年輕人），他示意我發言時，我順勢跟他推薦有一種模式或許可以進行：先跟有互信的中學圖書館主任或老師徵得同意，然後將一流講者送進校園分享其學習歷程、讀書方法、考試技巧，讓學生得以享受頂級演講，而講師費、交通費不必學校費心，由我們這一端支付一份遠優於「公定價格」

的費用。因為錢是我們出，講者我們挑。

學校這一端由於有互信，我們可以請主任或老師要求當天出席的學生事先撰寫閱讀某書的心得或回答提問，以期聽講時的吸收效果更好。

關於講者人選，我推薦了楊双子與洪瀞，局叔大喜，非常認同如此構想。

我不會毫無評估就在一群要人面前，把自己的credit壓在洪瀞身上。

曾受邀為其處女作《自己的力學》撰序。四年翩翩過，我們每年聚餐，聯繫未斷，每次見面時的感覺，就好像我們從來沒有分開過。

我常被聽眾、讀者問：「成功的定義是什麼？」

有的人把成功用財富來定義，好像擁有了多少財富，就「成功」跨越了「成功線」。

有些人或許並未擁有世俗眼裡的巨大成功，但他「成公」時，含飴弄孫，深獲自己子孫愛戴，是子孫眼裡的role model，此公一生，當屬成功。

針對成功，再嚴謹些的定義，我曾這麼回答聽眾：「你敬重的人也敬重你。」

人數愈多，視為「愈成功」亦無妨。

好比說我敬重陳玲玉律師，如果陳律師回顧一生，她撰寫一份她敬重的百人名單，其中若有我，對我而言，可以視為成功的量化指標。

好比說我敬重前無任所大使楊黃美幸，如果美幸姐回顧一生，我亦名列其敬重名單，那我在個人省思此生成功與否，再添一分。

你可能敬重陳樹菊女士、吳念真導演或羅紹和將軍，但你不可能敬重傷害棒球比賽公平性的「雨刷」吧？

而我認為，洪瀞的續作恰恰就是這個命題的答案，該書並非成功學雞湯，但讀者若據此重整或微調人生，將穩實安命地走上成功之路。

本書有個特色，每篇文章開頭必有一則寓意深遠的童話故事，料想這是他陪伴孩子閱讀時的溫暖足跡。

別小看童話故事，有時言簡意賅地蘊含大智慧，成年人沒被點破前，不見得了然於胸。

每天用清單送自己一場微型革命

如果到校園演講，對學生喊話：「苟日新，日日新，又日新。」學生一定秒睡一片，不改其意並穿插新觀念可以說：「每天用清單送自己一場微型革命。」或許因此較有機會輕啟學生心扉。

書中曾有專章提及「執行清單」的概念，我相當喜歡這個乍看不起眼的東西，它的基礎版應用可以幫助我們不手忙腳亂。

每次出國前，打包行李時，若先擬一份清單確認要攜帶何物、何物必須放大行李，出國後就不會懊惱「為什麼我把水果刀放登機箱，為什麼沒有帶指甲剪、刮鬍刀出門」。

家父是洗腎病患，如果平常請他按照清單指示備妥相關物品，洗腎時若失禁，就不會手忙腳亂找不到濕紙巾、紙尿布或是備用外褲。

「執行清單」的進階版應用可以幫助我們釐清時間花在哪裡，甚至幫助我們把時間留給重要任務。

我認為該詞彙的英文checklist更容易幫助我們理解其意。我們先表列，檢查過後、執行完成就打勾。進階的做法就是重要的事情表列於前方，優先執行。

如果讀完該章，心有悸動，可以再讀《清單革命：不犯錯的祕密武器》（*The Checklist Manifesto: How to Get Things Right*），作者葛文德是哈佛醫學院的外科教授。

最後，我想跟讀者朋友分享書中讓我省思最多的小故事。

洪瀞引述了流體力學教授說過的故事：有一位非常擅長修理水管的工人，漏水、堵塞，或是其他機械性故障，出馬修繕，快又有效。

但這位工人若僅停留在這些操作層面，而未曾思索流體本質，就永遠無法理解如何通過「連續性假設」來描述某些流體問題，在面對更複雜的情況時，甚至只能雙手一攤。

這位工人就好像一位擅長治療上呼吸道的醫師，如果遇到鼻塞、耳朵悶脹、食不下嚥等症狀，他都能快又有效地替病人排除問題。承平時候，他把時間盡可能地投注於此，除非他累到倒下，否則所有人都感激他。

洪瀞舉了一例，我也舉了一例，如果你把自己套進去設想，你會怎麼描述自己？你在別人遇到哪些狀況時，可以非常快速地排除問題？

然而，根據洪瀞全書的提醒，你應該留些時間給自己，提前思考，預作準備。當大環境悄然改變時（保險制度、天災、大疫），因為你的提早因應，而安然度過每一個艱難時刻。

活出最好的人生版本

《內在成就》系列作者／TMBA共同創辦人
愛瑞克

曾拜讀過洪教授前作《自己的力學》，內容令我驚羨不已；此次，再讀《先降噪，再聚焦：做自己的人生規劃師，建立「消除雜訊、激發潛能」的高效能原則》依舊令我愛不釋手！

我目前是全職閱讀者，也是閱讀推廣者，這個使命讓我每年速讀一千本書，從中選出兩百本好書加以細讀、推薦給廣大讀者們。在大量閱讀中，累積了相當程度的基礎知識，因此，新書必須「要有嶄新觀點」、「敘事極其生動」、「說理令人信服」

其中一項特質，才能讓我在讀後印象深刻，而洪教授此書完全符合以上所有條件！「要有嶄新觀點」就是俗稱「乾貨」，令人耳目一新的內容。洪教授從過去工作經驗以及教學現場中，累積了許多寶貴的人生經驗，而寫入此書的內容，都屬於高層次思維，已經不只是「知識」層次，而是更上一層的「智慧」。知識必須經過人生歷練之後而產生洞見，並且對於提升人們生活品質有所貢獻，才堪稱智慧。此書內容遍布滿滿的智慧，令我驚羨。例如書中談到流體力學教授與水管工人的故事，他說「理論知識」與「實踐知識」這兩者的來源不同，應用層面也不同，但唯有兩者結合才能使設計與創新真正落地，這也是目前世界上相當關鍵、高價值的技術。

「敘事極其生動」需要很會說故事的能力。當今網路世界資訊爆炸，各種故事俯拾都是，但善於說故事並不是一件容易的事。此書每章都以一段簡單卻深具意義的「開篇小故事」作為開頭，不僅精準命中該章核心，又發人深省。我聽聞洪教授有兩位孩子，他每天說給孩子聽的故事，並不是「死的故事」(固定不變的故事)，而是活的——透過與孩子們互動的過程創造出新的故事。在某一次同臺演講中，洪教授就分享了一段他與孩子共同創造出來的新故事，令現場所有聽眾們感到嘖嘖稱奇！

「說理令人信服」則通常需要扎實的立論基礎、清晰的邏輯和表達。洪教授不僅擁有哥倫比亞大學博士學位、曾在美國最頂尖的科技公司工作，回臺灣後也任教於一流的學府，因而累積了深厚的學理基礎，以及活用這些理論模型的能力。因此，此書可以看到他的舉例皆能直指人心、快速秒懂，而且深具說服力。例如書中便以降噪耳機的原理，解說如何建構「內心護城河」：降噪耳機能捕捉外界的噪音、加以分析，並製造出相位差為一百八十度的反向聲波，來達到「中和抵銷」的效果。而我們的「內心護城河」也需要透過「中和抵銷」來應對外界的干擾。

要同時符合以上三種特質的著作，並不多見。因為每一個人都有天賦的優勢以及弱項，有些人相當感性，而有些人相對理性。天生感性的人已經習慣於透過有意義的故事，以及富有感情的陳述方式，作為主要溝通表達的利器；天生理性的人則往往著重於邏輯推理、事實根據，而相對不在乎情緒面的描述。於是，「敘事極其生動」和「說理令人信服」這兩種截然不同的特質，很少同時出現在一本著作中。近年來出版界較常見的做法，是透過兩位不同背景的作者共同合著，以達到理性與感性的完美融合。洪教授同時兼具了以上兩者，讓此書可看性大增！

「要有嶄新觀點」這條件越來越難以實現，因為在網路通訊的時代，所有知識很快就能傳遍全世界。尤其人工智慧（例如ChatGPT）的發展，讓人人都可以在短時間內取得過去累積數百年、上千年的知識，知識因此越來越不值錢，倒是「洞見」卻更加稀缺。此書看得出洪教授博學多聞的廣度，更能感受到他將跨領域知識融會貫通、萃取出生活智慧的功力，這就是我對於他的兩本著作都感到驚羨、愛不釋手的主因！大力推薦給所有想要提高自己思維格局、突破人生現狀的人一起來閱讀。

最後我想提醒，這不是適合速讀的一本書。即便是每年速讀一千本書的我，也選擇花幾天時間，一篇一篇地細讀此書，因為含金量高，速讀太可惜也太浪費了一本好書。此書每章的最後都有一篇「子彈筆記」，建議您善用這些筆記，思考如何活用在自己的日常生活中。相信只要能好好運用此書的跨領域智慧，絕對可以提升讀者的境界，活出更好的人生版本。

自序

把心安頓好

曾經，我也以為，人生的滿足只需要一點點「足夠」就好：

「只要博士能順利畢業就好。」

「只要找到一份能養活自己的工作就好。」

「只要……就好。」

然而，當這些「就好」實現後，內心的疑惑卻並未消失。那是一種期待自己能變得更好，卻又懷疑自己是否配得上的矛盾感。

我想跟你說的是，我從來不是一個天生相信自己擁有「能力」，或者一直充滿「自信」的人。我也曾經懷疑自己能否承受生活中的挑戰，或是否真的有辦法達成別人或自己的期待。

那麼，什麼才是真正重要且正確的普通理解？在經歷過反覆的自我探索與成長後，我逐漸領悟到的事實是：能力與自信，並非天賦，而是可以被一點一滴培養和塑造的。

能力是磨出來的，自信是積起來的

能力並非天生就具備，而是透過一步步學習和實踐，並從中歸納與推演而成。只要專注於眼前的目標，慢慢地去完成，每次挑戰都能讓你的能力提升一點。

當你選擇堅持、找到方法並跨過一次次難關，回頭一看，自然就會發現那些原本覺得不可能做到的事，居然都被自己搞定了。這就是自信累積的最好基礎。

人們常說：「別太在意別人，做自己就好。」這句話我只同意一半，另一半則持保留態度。是的，不要太在意別人，但「做自己」真的有這麼簡單嗎？

要「做自己」，前提得先知道什麼樣的自己更好。若不清楚，至少也要了解那些做得很好的人是如何做到的，然後努力向他們學習。

一昧固守現狀、缺乏改進，只會停滯不前，更別提遇見更好的自己了。

找到目標，方法自會跟隨

二〇一五年，我初次走進大學任教，那時的我還年輕而青澀。

作為新進教授的我，懷抱著無限的期望與抱負，希望把自己學到的知識和人生經歷分享給學生，幫助他們找到屬於自己的道路。

五年後的二〇二〇年，疫情爆發的這一年，我在年底出版了《自己的力學》。

當時的想法很簡單：「把我對人生的觀察和力學理論寫進書裡，希望能幫助讀者找到喜歡又做得好的事，並在自己選擇的領域中脫穎而出。」

然而，書籍的出版超出我的預期，這本書的內容進入了許多人的生活，並獲得許多讀者的青睞。

有許多老師、同學與朋友告訴我，曾在校園裡、火車、捷運及高鐵上看過年輕學子們翻閱和討論我的書。我自己也曾在外出與踏青時，遇過讀者拿著我的書走向我，開心地問：「您是洪瀞教授嗎？我很喜歡您的書，能否幫我簽名？」

我依然記得這些巧合與情景，而每一次這樣的偶遇，都讓我感動不已——原來，我分享的文字能在不經意間觸動他人的內心。

時間推移到二〇二三年，我已經從一位年輕的教授，蛻變為一位暢銷作家，並在學術領域晉升為正教授。

在日本，這種學術升等有點像「學術成年禮」，彷彿在宣告：你不僅長大了，還站穩了學術界的地盤，開始散發屬於自己的「Haki」[1]。

先不談什麼「Haki」了。不過在成為「學術上的大人」後，我確實給予自己更多的時間反思成長與學習的機制。

我在這段期間廣泛閱讀，深入思考那些隱而不顯，卻會拖慢進步的摩擦與阻力。我逐漸明白，成長是一條充滿挑戰

---

1 HAKI

日語「覇気／はき」，也就是「霸氣」之意。

的道路，每一次突破的背後，都隱藏著深刻的抉擇與反思，而擁有一套專屬於自己的原則，正是破解這些難題的關鍵所在。

我也仔細思索了在平凡生活中經常會遭遇，卻或許沒意識到的問題。我想告訴你：「不自己做決定，就等於讓別人決定你。」

二〇二五年，經過多年的醞釀與深思，我寫下了這本書。很開心我終於能把它呈現在你面前。

解決現代人對於學習與成長的焦慮

正在閱讀這本書的你，是否曾經感受過以下的困惑與挑戰，因而忍不住開始懷疑人生？

- 缺乏清晰的目標和計劃，總是覺得自己無所適從，像是GPS壞掉的趕路人？
- 容易分心，無法聚焦在真正重要的事上，經常被瑣碎的細節和旁人打亂思緒？

● 過度自我批評，常陷入焦慮或不安，總覺得「我不行，再多努力點也比不上別人」，導致努力變成壓力？

● 慣性拖延，總是擔心自己做不好。想著明天再開始，卻總是拖延到最後一刻？

● 覺得「我沒有時間」，卻又不確定那些花掉的時間到底去了哪裡？

● 面對繁重的事務，既想做好每一件事，卻又希望自己能化身時間管理大師，把一切變得更簡單，避免被瑣事困住？

如果這些問題會困擾你，讓你煩躁不安，甚至因為無法跳脫無盡的死循環，而開始懷疑自己的能力。那麼我想告訴你，這並不是你的錯，也不是你能力不足。這是當今社會中普遍存在的困境，許多人都在同樣的情況下掙扎。事實上，你完全可以改變這一切。

每一個人生的里程碑，其背後都藏著無數選擇與困惑，而每一場突破，都是在探索如何適應這個不斷變動的世界。

我想把我觀察與學習到的知識與方法分享給你。確切地說，我希望這本書能開啟你對於學習與成長的另一扇窗，讓整個過程變得又美麗又好玩。

我不打算讓這本書像學術論文一般讓你讀到頭大，我希望它輕鬆有趣又充滿寓意，成為一本你在日常生活中的「反焦慮、反雜訊工具書」。同時，你也將獲得深入反思與構築自我原則的機會。

這本書也是為了那些經常無法長時間保持專注、容易因生活中各種事物分心，渴望學會如何專注並提升自我的人所寫。

或許，你也曾和我一樣，面臨過相似的困境：在繁忙的工作中無法集中注意力，或在學習的道路上迷失方向，甚至是在日常生活中感到焦慮、分心，卻無法找到有效的應對方式。

尚未意識到自己具備可以向上突破自身階層的人，你缺少的可能就是這些——專屬於自己的原則。

先降低周圍的噪音，你才有機會及能力去聚焦

每個人都擁有無窮的潛力，關鍵在於能否理解並掌握正確的心態和方法。

這本書的核心，就是為你建立一套「消除雜訊、激發潛能」的原則，讓你成為自己人生的規劃師。

你並不需要一開始就擁有完美的計劃，只需要確立自己的目標，讓方法自然隨之而來。當你在這個訊息過載的時代中，找到屬於自己的平衡，就能邁向個人成長，實現自己的目標。

這本書分為三個大方向：從建立強健的心態出發，思索精準高效的實踐方法，再到打造屬於自己的未來版圖。

透過這本書，我將帶領你一步步完成這些過程，幫助你找到成長的方向並掌握有效的方法，最終實現屬於自己的人生藍圖。

我特別在每個章節融入一個可愛且發人深省的小故事，期望能為你的閱讀體

驗增添溫度和趣味。每個章節的子彈筆記後，也特意為你預留了一個空間。

請寫下屬於自己的原則，或挑選你喜愛的句子，細心品味並思考它為何觸動了你。不必多，但請記得將這些珍貴的想法記錄下來，它們將成為對你最有意義且專屬於你的智慧。

請用這本書作為你反思與改變的起點，運用最簡單的方法，建立專屬自己的生活原則，開啟屬於你的人生可能性。

目錄

I 建立強健心態

II 打造未來版圖

III 打造未來版圖

I

建立強健心態。

透過科學思維聚焦核心，為人生降噪，做自己的人生規劃師。

Chapter 1

構築「內心護城河」

有一位名叫伊莉莎白的公主，她和羅納德王子訂婚了。一天，突然出現一條龍襲擊了她的王國，並將羅納德王子擄走。她的城堡因而被摧毀，財物也全化為烏有，只剩下一個簡單的紙袋。

即使陷入如此困境，公主也沒有選擇放棄，而是將紙袋套在身上，前去拯救羅納德王子。她機智且巧妙地設計了一系列挑戰——要求龍展示飛行和噴火的技能，直到龍因過勞而進入休眠狀態——最終成功解救了王子。

然而，羅納德王子被救出來後，卻嘲笑起穿著紙袋的公主，認為她不配做他的妻子。這一刻，公主學會了重要的一課——自身的價值不應建立於他人的標準之上，而自己也不必迎合任何人的期望。她十分乾脆地離開了王子。

這個名為《紙袋公主》（*The Paper Bag Princess*）的故事，展示了「內心護城河」的力量。伊莉莎白公主內心的護城河，使她在面對困難和挑戰時保持自信和平靜，並發現自己真正的潛力。每個人都應該為自己構築「內心護城河」。

內心的城堡

每個人的內心都像是一座城堡。為了讓這座城堡更堅固，你需要建立一條「內心護城河」。事實上，這條護城河絕非只是一條河道，更像是一種心理及心靈上的屏障。其作用除了用來阻擋，還應該發揮一種「中和抵銷」的效果。

降噪耳機的工作原理，正好適合用來說明我想強調的這項特性。這些耳機透過「中和抵銷」噪音來提供更安靜的聽音環境，其具體過程包含以下步驟：

首先，透過耳機內部的小麥克風捕捉外界的噪音，比如風與街道的喧嘩聲等。

接著，耳機的內部系統會分析這些噪訊，找出其特徵；此處的關鍵特徵為頻率和強度。

這時候，耳機內的晶片會創造一道與該噪音完全相反的聲波，即相位差為一百八十度的反向聲波。

當這道反向聲波與環境噪音碰撞時，它們會互相抵銷，進而達到降噪。因此當聲音傳入耳朵時，自然便聽不見那些噪音。

「中和抵銷」的概念，同樣可以應用於「心理防護」中。就像在「光的干涉現象」[2]中，光波的相位差會導致建設性或破壞性干涉，你的「內心護城河」也需要透過「中和抵銷」來應對外界的干擾。

當你以開闊的態度接受並學習知識與資訊時，便能夠「中和抵銷」那些對你不利的情感或壓力，使你在面對困難和挑戰時保持冷靜和從容。相反地，「井底之蛙」便是由於視野狹窄、不願接受並學習新知，才無法創造能夠抵銷噪訊的資訊，也因而容易感到憤怒。

當你的內心開放、眼界寬廣時，自然就能更好地接受新訊息，並且進一步學習和理解，而非僅以消極情緒發洩。

需要特別注意的是，根據丹尼爾・康納曼（Daniel Kahneman）在其著作《快思慢想》中所提，人們對損失的感覺，會比對獲得的感覺強烈約兩倍。這意味著，

2 光的干涉現象

指兩束或多束光波相遇時，由於波峰和波谷重疊，而造成光強度的變化。這種變化分為建設性干涉和破壞性干涉，建設性干涉會使光線變亮，而破壞性干涉則會使光線變暗。最著名的例子是一八〇一年湯瑪士・楊格（Thomas Young）的雙縫實驗，顯示光在通過兩個縫隙後，會在屏幕上形成明暗相間的條紋，證明光的波動性。另外，肥皂泡表面的彩色斑紋，也是光在薄膜中多次反射和干涉的結果。

相較於成功的喜悅，失敗所帶來的傷害更為深刻。因此，你的「內心護城河」必須足夠強大，才能有效抵禦這種衝擊。

回顧過去，你或許會因為瑣碎的事情而生氣，但隨著年齡增長，你漸漸意識到那些事情其實微不足道。如今，你能夠更好地處理類似情況，這正是因為你的內心已變得更加堅韌和成熟。

同時，你也要珍惜每一次來之不易的失敗，因為它們終將成為你未來千金難買的「早知道」。接下來，我將分享幾個關鍵要素，幫助你如同降噪耳機一般，升級你的「內心護城河」。

接受／從容

要建立強大的「內心護城河」，首先需要擁有「開闊心胸」（Open-minded）的心態。這意味著你需要學會接受不同的觀點和新資訊，即使這些觀點挑戰了你的固有觀念。這種開放性能幫助你在面對各種困境時保持從容，而不至於被僵化的思維所困擾。

透過美國哈佛社會心理學家丹尼爾・魏格納（Daniel Wegner）的實驗得出的「白熊效應」可以得知，當有人告訴我們「不要想一隻白色的熊」時，我們反而會更頻繁地想到那隻熊。

此現象說明，當你試圖拒絕或壓抑某個念頭時，反而會使其在心中變得更強烈。真正有效的方法是接受這些念頭的自然出現，認同它們是心靈的一部分，如此你才能平靜下來，進而找到有效的處理方法。

在構築「內心護城河」時，可以將接納和理解視為護城河的水流，並透過這些水流來「中和抵銷」負面資訊。這樣的做法能幫助我們在壓力面前保持冷靜，避免情緒的干擾。

心理學中的「情緒管理法」與此相似，這個方法的核心在於面對、接受、處理並於最終釋放情緒。只有接受情緒的存在，我們才能學會如何有效地處理和解決它們，而不是試圖壓抑或忽略它們。

此外，我有個特別的建議：將你感到不舒服的事情進行分類也是一種有效的方法。

首先，接受自己的焦慮並理解其根源，然後將問題分類標籤化。這樣的分類能幫助我們更有條理地處理情緒，而不讓它們隨意擾亂內心。

例如，將問題區分為「可控」和「不可控」或「短期」和「長期」，可以幫助你在解決問題時聚焦，而不被焦慮所淹沒。這種方法不僅能夠提升工作表現，還能在壓力面前建立更堅固的「內心護城河」。

當你能夠理清問題的根源，並有計劃地處理它們時，你會發現原本看似無法克服的挑戰變得更容易應對。你的內心也會因此變得更加堅韌，從而更好地應對生活中的各種挑戰。

先學習，再決策

遇到問題或挑戰時，「先學習，再決策」是一個非常重要的原則。我們經常會傾

向於立即得出結論或做出決策，但這種習慣往往會帶來不好的結果。

決策應該建立在充分的根據和事實之上，如果你還沒有掌握足夠的資訊，就應該先進行學習。這種做法有助於你從多個角度審視問題，更全面地理解事情的全貌和根本原因，而非停留在表面。對於不確定的決策，請記得，你永遠可以問問：「能不能請你分享一下，這個決策背後的依據是什麼？」

例如，當你在面對一個棘手的課題時，最好先花時間學習，這包括收集相關資料、整理文獻、向專家請教或參加小組討論等。這些準備工作能幫助你更深入地理解問題，找到最有效的解決方案。

學習不僅能讓你獲取知識，還能提升靈活度、想像力和決策力。如同降噪耳機需要學習噪音的特徵以生成反向聲波，你也需要透過學習來提升應對挑戰的能力。

學習的範圍不僅限於書本知識或專業技能，還包括對人際關係中各種因素的理解；許多問題涉及複雜的人際因素，這比單純的環境噪音要難處理得多。而當問題不涉及人際因素時，通常就會簡單一些。

透過學習，你可以更清楚地了解自己在某個領域中的位置，釐清複雜問題的內在邏輯和因果關係。如此，當你在面對困難時，就能避免被細節弄得混亂，並做出更明智的決策。

理解與人相關的背景和動機，並調整自己的溝通方式，便可以促進合作與理解。同時，學會管理情感和期望，保持冷靜和理性，也能大大提升解決問題的效率。良好的情感管理能讓我們在挑戰面前保持清晰的頭腦，避免情緒化決策，從而提高解決問題的效果。

此外，透過學習，我們還能提高適應力和應變能力，在變化的環境中更靈活地應對挑戰。同時，也能以更全面、客觀的視角制定策略，在面對困難時更加堅定和從容。

切記：「命運只犒賞願意持續學習的人。」

自我抽離

現代生活充斥著各種瑣事，這些小細節經常消耗你大量的精力，使你無法專注於更重要的目標。因此，提醒自己從瑣碎的事情中抽離，專注於核心問題，是保持心理健康和內心平靜的關鍵。

抽離並非逃避責任，而是要聚焦於真正重要的事情，消除無關緊要的干擾。你的精力有限，若過度消耗於瑣碎事務上，就會錯過處理重大問題的最佳時機。

培養快速區分要務與瑣事的能力，並有意識地省去不必要的細節，有助於更有效地達成目標，保持內心的穩定。同時，抽離也能避免在情緒上受瑣碎事務牽絆。

面對小問題時應迅速評估其重要性，決定是否值得投入更多關注，若問題對核心目標無關緊要，就應學會放下與自我抽離，把精力集中在真正重要的事情上。此能力也是「內心護城河」的一部分，能幫助我們在面對重大決策時保持清晰的思路，更好地達成目標。

心之所向／所繫之地

每個人都有自己想達成的目標，不論這些目標為何，你都應該經常問自己一個關鍵問題：「我現在做的這件事，真的有助於達成我的核心目標嗎？」如果答案是否定的，那可能就要重新考慮這件事的必要性了。

這樣的自我反思能幫助你保持對人生方向的清晰認識，不被無謂的行為或短暫的情緒牽著走。專注於核心目標，更容易讓你在決策時，做出對長遠利益有利的選擇。

可以透過簡單的兩軸坐標系來確立核心目標，一軸是「重要性」，另一軸則是「急迫性」，如此便能更清楚地知道哪些事情應該優先處理。

事實上，這種分類方法最早是由美國前總統德懷特．大衛．艾森豪（Dwight

David Eisenhower）所提出，他曾說過一句非常有名的話：「我有兩種問題，緊急的和重要的。緊急的問題不重要，重要的問題從不緊急。」

艾森豪或許不知道，他的這句話對現代人的時間管理和決策制定影響深遠。它提醒了你，在處理日常事務時，不被緊急但不重要的事情牽著走，而要專注於那些真正重要的長期目標。

這種思維方式能讓你學會分清輕重緩急，避免在繁瑣的日常事務中迷失方向。另外，這句話也促使你反思自己該如何對待時間，鼓勵大家優先處理那些對人生有長遠影響的事情，而不是僅僅追求眼前的緊急任務。後來，這個概念被史蒂芬・理查茲・柯維（Stephen Richards Covey）在《高效能人士的七個習慣》一書中進一步發展並普及。

透過柯維提出的「時間管理矩陣」或「艾森豪矩陣」，能幫助你根據事情的「重要性」和「急迫性」做出決策（如p.52圖所示）。具體而言，以下是該方法的應用：

①重要但不緊急：這些是最核心部分，如提升技能、建立健康習慣、實現事業規劃等。這類事項往往會被忽視，但它們對實現核心目標至關重要。確保每天都要撥出時間來處理這些事項，例如制定每天半小時的讀書時間以增進專業知識，或每周規劃一次與家人共度的時光以增強家庭關係。

②重要且緊急：這些是需要立即處理的事項，如突發的工作問題或緊急的生活需求等。儘管它們需要被優先處理，但處理過多的這類事項可能會讓我們忽視長期目標，使我們停滯於眼前。學會合理地分配時間，主動管理重要且緊急的事，使其昇華為重要但不緊急。

③不重要但緊急：這些是一些看似需要立刻處理的事務，如無意義的會議或社交邀請。這些事項往往會消耗你的精力，卻無法帶來實質的進步。你需要學會有效地篩選或委派，避免因這些事情過度消耗時間。

④不重要也不緊急：這些事務往往是最容易被忽視的，只因它們對實現核心目標影響最小。可以重新理解這些事項，並選擇完全忽略它們。你的精力可以聚焦在更美好的事情上。

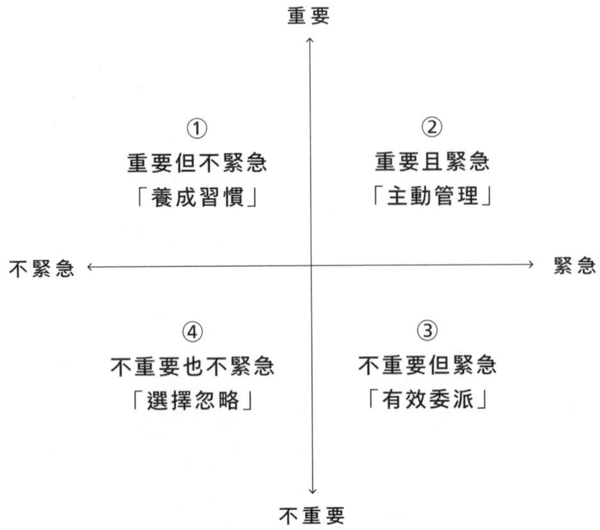

我想強調的是，即使遇到緊急狀況，也別忘了自己最重要的目標。要是這個緊急狀況剛好跟核心目標有關，那就太棒了。在處理緊急事務的同時，也請繼續專注於長遠目標。

換句話說，就是要「借力使力」，智者應學會借助外部資源和情勢變化以達成目標，順勢而為。如此才能在外界干擾中保持內心的穩定與平衡，避免因迷茫或壓力而偏離方向。

明確的核心目標就像人生的指南針，指引你在挑戰中保持正確的方向。它能幫助你找到實現目標的方法，避免在原地打轉，浪費時間和精力。

同時，獨立思考也至關重要。在人工智慧日益普及的今天，獨立思考能防止你受外界觀點所左右。它能幫助你保持判斷力和決策力，並根據自身價值觀和目標做出選擇，不輕易受他人影響。在面對大量資訊和觀點時，獨立思考能讓你冷靜分析，做出符合自己利益的決策，並保持內心的平靜。

因此，培養獨立思考能力是建立堅固「內心護城河」的重要一步，這不僅能幫助你在壓力和挑戰中保持清晰的頭腦，還能增強你的行動力和決心。當你明確真正的目標，就能在遇見困難時也堅定地追求，最終實現長期目標。

靜謐之境

我想鼓勵你學習與嘗試冥想靜坐。這不僅能增強你的內心穩定性並保持平靜，還是建立「內心護城河」的一條路徑。

我第一次接觸靜坐是在十五歲的那年，由高中所策劃的一場 Retreat 活動；活動在一座寧靜的山上舉行，旨在幫助學生接觸大自然、放鬆心情，感受內心的寧靜。我們在大自然中與同學和老師們一起進入一個平靜的空間，閉上眼睛，跟隨導師的引導，放鬆身心。那次經歷讓我的內心感受到前所未有的平靜，真的非常舒適和放鬆，至今仍記憶猶新。

隨著時間推移，如今當我在演講或與學生開會並察覺他們情緒不佳時，我會建議他們靜下心來，閉眼冥想三分鐘。這樣的小調整，通常能帶來意想不到的效果。比方說，我曾在羅馬參加研討會時，邀請學生們在一個寧靜的空間中進行冥想。結果他們的專注力都明顯提升了，也變得更放鬆；這些經驗都非常有價值，深刻而難忘。

最後我也建議你在冥想後立即拿出紙和筆，或用手機記錄下浮現的想法。這些想法可能源於不同的靈感或情感，看似零碎，卻可能在未來派上用場。接受這些念頭，甚至將它們分類整理，便有助於在未來更有效地處理和善用這些想法。

在靜坐的過程中，你將學會如何與內心的思維和平共處。靜下心觀察自己的念頭，你會發現很多念頭其實都只是短暫的，它們來來去去，不會對我們造成持久的影響。

真正困擾你的往往不是這些念頭本身，而是你對它們的執著或抗拒。而靜坐和冥想就如同降噪技術，它們能幫助你構築強大的「內心護城河」。

接受念頭的來去，讓自己保持鬆弛，自然能達到真正的內心平靜。這種鬆弛感不僅能讓你在面對壓力和挑戰時更加從容，也能在日常生活中幫助你維持良好的心態和心理健康。

子彈筆記

⊘ 內心像一座城堡，建立「內心護城河」是為了使其更堅韌與穩定；這並非實際的河道，而是心理的屏障，透過「中和抵銷」以達到效果。

⊘ 如同降噪耳機透過產生反向聲波以抵銷噪音，「內心護城河」也應利用開放的心態和學習以中和不利的情感或壓力。

⊘ 避免「井底之蛙」效應：視野狹窄、不願學習會阻礙抵銷噪音的能力，造成情緒困擾。擁有開放的心態能更好地接受新訊息，進而提升心理韌性。

⊘ 損失帶來的心理衝擊比獲得更為深刻，也因此「內心護城河」必須足夠強大，才能有效抵禦這種衝擊。

⊘ 建立強大的「內心護城河」需要開闊心胸（接受不同觀點）、管理情緒，並透過學習全面了解和分析關鍵問題，以提高應對能力和決策效果。切記，智者當借力使力。

⊘ 靜坐和冥想能幫助放鬆心情。記得觀察與記錄內心念頭，接受其自然出現與消失，如此有助於維持良好的心態和心理健康。

相較於成功的喜悅，失敗帶來的傷害更為深刻。
你的「內心護城河」必須足夠強大，才能有效抵禦衝擊。

寫下專屬於你的高效能原則，
現在就開始執行吧！

Chapter 2

事前準備：逆向思維、皮克斯創意方法

小紅母雞在路上發現了一粒麥子，她的腦中浮出麥子變為美味蛋糕的景象，於是便計劃了一系列的準備工作。

由於小紅母雞不願孤軍奮戰，便邀請她的朋友們一起參與。然而每當她尋求幫助時，朋友們都紛紛裝忙，拒絕了她的邀請。

儘管如此，小紅母雞依舊堅持地逐步完成了收割、碾碎、搬運與磨粉，並成功地將小麥做成了蛋糕。她的朋友們在聞到蛋糕的香氣後，都想跟小紅母雞要一塊來嚐嚐，但她已經決定一塊蛋糕也不分給他們。

這個名為《小紅母雞》（*The Little Red Hen*）的故事，除了提醒我們要積極地行動，也闡明要實現一個目標，完整的事前準備與逐步完成的決心缺一不可。

小紅母雞的蛋糕可不是隨便做的，從收割小麥到完成蛋糕，都是她精心規劃和執行的結果。她知道，唯有好好計劃，才能在餐桌上享受美味的成果。

最佳利器

"If I can make it there, I can make it anywhere."

你或許會聽過這句由美國歌手法蘭克．辛納屈（Frank Sinatra）所說的名言，其意思很明確——如果我能在最困難的地方成功，那其他地方就不在話下了。聽起來特別激勵人心，對不對？

這句話確實很有道理，但很多人經常容易忽略一個關鍵，那就是「事前準備」。你可能會覺得，事情發生時，自然就會有辦法應對。總之，等真的遇到問題再來解決就好。

事實是，不用花時間準備的事情通常沒有什麼價值，而在面對重要挑戰時，光靠臨場反應也往往是不夠的。真正的關鍵，在於你在事情發生前的準備有多充分。「事前準備」可以決定事情的成敗。許多人經常無意間抗拒準備，但你真的該牢記一個重要的原則：「當你決定要做某件事時，『充分準備』便是一切的關鍵，千萬別輕忽！」

好的開始不是等到問題出現再來應對，而是在事情開始之前，就已經有了一個明確的計劃。這樣的準備，才是真正好的開始。畢竟，誰會希望等事情進行到一半時，才發現自己根本毫無準備呢？

我想強調的是：「如果你能在這裡做好準備，那你就能在任何地方成功。」為了讓你更好地面對未來的大挑戰，接下來我要介紹兩個非常實用的「事前準備」方法：逆向思維和皮克斯（Pixar）創意方法。這兩種方法各有不同的用途，但結合起來就能大幅提升你的準備效率。

首先，逆向思維是一個非常有用的工具，特別是在面對複雜的問題或目標時。所謂的逆向思維，就是從終點出發，反推回來觀察該如何達到目標。這種思維能幫助你更清楚地理解整個過程，避免走彎路或浪費時間在錯誤的方向上。

皮克斯創意方法則是一個幫助你釋放創意的工具。皮克斯的創意過程強調的是「快速失敗、反覆迭代」，在動畫故事開發的初期，皮克斯便鼓勵團隊提出大量的想法，無論多麼瘋狂的點子都能被考慮。

只要你願意從失敗中學習，失敗就是你成功的基石；只要你選擇正面看待並接受失敗，就能開啟嶄新的道路。

在經過多次修改和評估後，最終產出最佳的故事——這種方法不僅能應用在電影製作，事實上，任何需要創意或解決問題的領域，都可以從中受益。

如果你能將逆向思維和皮克斯創意方法相結合，無論是解決問題或實現創意，「事前準備」都會變得更有效。逆向思維能幫助你理解如何達到目標，而皮克斯方法則能幫助你在過程中不斷迭代與精進。

最後，如果你願意再搭配一些專案管理技巧，來幫助你規劃時間和資源（尤其是在「時間管理」的技巧上），就能讓你的「事前準備」變得更全面。專案管理，可以幫助你合理地安排每一步驟，確保你不會在此過程中偏離方向，也不會忽略任何重要的細節。

我想傳達給你的核心——「事前準備」才是應對一切挑戰的最佳利器。只要你能夠善用逆向思維、皮克斯創意方法，並結合時間管理技巧，無論面對何種挑戰，你都能做到更充分的準備，並因此大幅提升成功的機會。

逆向工程

「如果你不知道你的目的地在哪，那你當下所走的每一步路都是錯的。」這句話聽起來很有道理，對吧？

當你沒有明確目標時，無論你多努力，每一步都有可能是錯的。然而，當你清楚知道自己要去哪裡，一切就會變得簡單很多，你可以更快也更準確地找到正確的路。然而，人生往往不像看起來那般直白。很多時候，我們的目標並不清晰，甚至可能一開始就設錯了方向。

你玩過迷宮遊戲嗎？想像自己進入一座有很多入口卻只有一個出口的迷宮，如果你能將終點作為起點，往回走，就能清楚地知道哪條路是正確的，而不用浪費時間嘗試所有錯誤的路徑。這就是「反過來思考」的精髓。

尤其當目標變得困難或模糊時，這種反向推理的技巧更能幫助你發揮出最佳的能力。

舉個例子，如果你想創作一件藝術作品，與其一開始就追求要完成一件大作品，不如先欣賞已經存在的傑出作品，並仔細地自問：「我要如何才能創作出同等級的作品？」如此不僅能幫助你理解這些作品的精妙之處，也能讓你的創作更有深度。

又例如，你可以在畫一幅畫之前，先觀察一些優秀藝術家的作品，分析他們的色彩搭配、用筆技巧或構圖方式。如此一來，你就能學到不同的技巧，並把它們融入自己的創作中。

這種方法不僅適用於藝術創作，事實上，許多學術研究和專業領域也都仰賴這樣逆向思維的技巧。

大學教授和研究生們經常需要進行大量的學術閱讀，這不僅是為了獲取最新的研究成果，也是為了深入理解他人如何面對和解決各種挑戰。

透過仔細分析這些學術作品，你就能夠提取出有效的方法論和思維框架，再將這些寶貴的知識應用於自己的研究中，從而提升研究的深度和廣度，為自己的創新貢獻奠定堅實的基礎。

這就是所謂的「站在巨人的肩膀上」。只不過在執行上，關鍵還是得先設置一些階段與小目標來練習。我們再以繪畫為例，你可以安排今日畫靜物，明日則嘗試以不同的色彩表達情感……如此逐步提升，既能快速進步，也能在每一步中體驗成就感。

後續的章節我將提到「遊戲設計」之概念。在這個領域中，遊戲設計公司鼓勵員工盡情體驗，去發掘與學習各種娛樂之源，體驗樂趣的核心要素——這樣的探索本身正是一種典型的逆向思維。

《逆向工程》的作者朗恩．傅利曼（Ron Friedman）曾說過一句話：「逆向工程，就是看穿表面，找到裡面隱藏的結構。」這不僅能揭示一件作品的設計過程，更重要的是，也能告訴你如何重新創作這件作品。我非常認同這句話，但這句話聽起來簡單，實際操作時卻不容易。

就像部分藝術家很擅長「拆解」他人的作品、研究每一個細節，再用自己的方式重新創作，但這不僅需要對藝術有著深刻理解，還需要敏銳的觀察力和技術。即使都懂了，也不一定能做得到。

荷蘭的ASML公司生產的光刻機（Lithography Machine），是目前人類世界上最精密的設備之一，即使其他公司將其設備拆解，想要複製同樣性能的機器依然很困難，因為它需要扎實的理論、先進的鏡片和光源技術，以及非常複雜的整合技巧等。

首先透過逆向思維進行拆解與理解結構，但能否因此創造出同等水平的作品，還取決於你的技術和創意。然而，只要我們先理解一件作品是如何創作的，就能找到提升自己能力的方式。

當你下次面臨挑戰時，試著「反過來思考」——從最終目標出發，逐步推導出解決方案，並將此過程當作提升自己能力的機會。這不僅能幫助你找到更有效的解決方案，也能讓你在多次練習中成長。

透過這個原則，你會發現重要的並非是搶得先機，而是如何將達成目標的過程設想與精進到最好。那麼該如何提升創意呢？皮克斯的創意方法便值得借鏡。

皮克斯法

你有看過皮克斯的動畫電影《腦筋急轉彎》（*Inside Out*）嗎？這部電影透過擬人化的情感角色，像是「樂樂」、「憂憂」或「怒怒」，帶我們進入主角內心深處的情緒世界。在此故事設定中，每個情緒角色都栩栩如生，無時無刻影響著故事中的小女孩。

其實，這個故事在構想階段時，還有一個叫「幸災樂禍」（schadenfreude）的角色。但隨著故事不斷地被修改，這個角色便被刪掉了，好讓觀眾能更專注於小女孩的心靈成長。而如此複雜且取得莫大成功的故事，是如何創造出來的？正是透過著名的「皮克斯方法」。

皮克斯的成功關鍵，在於他們堅持「故事優先」的理念。他們依循著一套獨特的創意方法，以及很有趣的觀點：「錯誤通常能引出更好的解決方案。」這和我想提醒你的觀念非常相似，很多時候，我們只能從反覆的修正與失敗中獲得真正的成長。

皮克斯早期在開發故事時，會鼓勵團隊提出各種想法，尤其是那些聽起來有些瘋狂，或不太可能實現的點子。因為這些「瘋狂」的想法，往往會成為推動故事發展的關鍵。

他們稱該過程為「大量嘗試、快速失敗」——提出不同版本的故事和角色設計，然後不斷評估和修改。在此過程中，犯錯並不可怕，因為這些錯誤往往能引出更好的解決方案。

皮克斯還有一個特別的機制叫做「腦力信託」（Braintrust），這是由一群經驗豐富的創意人員所組成的團隊，旨在對每個項目進行毫不留情卻具建設性的批評。此過程的目的當然不是單純的責備，而是一起找出真正的問題並推進，使故事變得更好。

「腦力信託」的機制也鼓勵你尋找幾位信任的朋友或夥伴，定期溝通討論提出具建設性的建議。彼此都不要害怕批評，因為這些意見能幫助彼此突破盲點，使所有作品變得更加出色。

皮克斯的方法不只適用於動畫電影，任何需要創意或解決問題的領域都能從中受益。不論你是在創作、策劃或設計產品，這種「快速迭代、敢於失敗」的心態，都能幫助你更快突破自己。

如果你想成為一位創作者，我建議你可以試試皮克斯的創意方法。在開始創作一件新作品時，勇敢地提出各種天馬行空的想法。無論這個想法有多瘋狂，都先用紙與筆寫下來，之後再不斷嘗試和修改。不要害怕犯錯或浪費時間，這些「錯誤」都將是你進步的踏腳石。

當然，要自己獨立執行可能有些挑戰，畢竟此方法需要群策群力的合作。但我認為，皮克斯的創意方法中所強調的「反覆打磨」和「接受失敗」這兩點，對任何項目而言都非常適用。

只有在這樣的過程中，你才能在不斷的嘗試和錯誤中找到最適合的方案，將你的作品推向成功。無論你是在學習新事物、創作作品或挑戰難題，這種方法的理念都非常值得你放在心裡。

腦記憶體

幾年前，我和一位學生有過一段特別的對話。那天，我們在辦公室討論完研究後，我拿起手機查看下週的時間表，對他說：「我們下週這個時間再討論，好嗎？」他點頭答應：「好的，老師。」

我看著他，沉默了幾秒，然後問：「你不需要將這個記在行事曆裡嗎？」他回答：「不用，老師，我會記得。」當時，我是真的被他的自信震驚了。

對我這樣習慣依賴手機行事曆的人而言，每一場會議或每一個提醒都必須記錄下來，深怕會不小心遺忘。他的自信讓我回想起年輕時的自己，我當時也對自己的記憶力滿懷信心，從不依賴工具。

後來我想，或許也是因為當時的環境相對單純且工作量有限，因此所有事情都在我可控的範圍內。然而，如今我的工作已經變得更為複雜，且資訊量也大幅增加，依賴工具來幫助記憶已變得不可避免。

回想起來，他當時的自信確實讓我印象深刻，但我還是忍不住補充了一句：「我建議你還是記錄下來比較簡單。」說到底，無論記憶力多好，持續記住一件事情真的會消耗不少心力。

把瑣事記下來，清空「腦記憶體」，能讓大腦專注於更重要的事情，像是分析、創造或解決問題。某種程度上，可以將此記錄方法看作是時間管理的外包，讓你在未來能更專注於研究和討論。

從某種角度來看，「番茄鐘」這類的時間管理工具，同樣能幫助你在特定時間內專心思考和解決問題，而不必分心去記住每一件事情。如此不僅能減輕負擔，還能提高效率，因為你的大腦不再需要負責那些時間管理的瑣事。

其實，更有效的時間管理方法就是專案管理。不論是行事曆或番茄鐘，這些工具都會在適當的時候提醒你休息或繼續工作，幫助你更高效地管理時間和精力。

清空你的記憶體，把該記錄的事情交給工具，讓你的大腦發揮真正的價值——思考與創造。

而這位學生，如今也成為了一名教授。

時間駕馭師

如果你能熟練掌握逆向思維和皮克斯的創意方法，就能使你的「事前準備」變得更高效且有趣。這兩種方法不僅能幫助你明確目標，還能激發創意，使計劃更加靈活。

在此過程中，專案管理就如同你的追蹤系統。尤其在面對複雜挑戰或多階段計劃時，它能幫助你有效地安排時間、資源和工作流程，確保每個步驟都按計劃進行，同時做好應對突發狀況的準備。

以下是我認為在專案管理中，特別有效的三個時間管理技巧：

① **設定SMART目標**：確保「具體」（Specific）、「可量化」（Measurable）、「可達成」（Achievable）、具有「相關性」（Relevant）且有「時間限制」（Time-Bound）。這有助於分解每個階段的任務，使進度更易於追蹤。

② **制定優先級清單**：根據任務的重要性與緊急性進行劃分，專注於最重要的任務，避免浪費時間在次要細節上。

③ **保持彈性**：儘管有計劃和時間表，但事情常常難以預測。保持彈性，隨時調整計劃，確保專案順利推進。

保持彈性尤其重要。就像是過去醫院的開刀床永遠不夠用，無論準備多少床位，總會因為某些緊急情況而排擠了其他手術。後來為了應對緊急狀況，醫院開始

會保留一至兩個不使用的床位，以防影響其他病人的緊急手術安排。

再舉個例子，假如你決定開始學習日文，目標是能和日本朋友流利地交流。此時，逆向思維便非常有用，你可以先設定具體的學習目標，例如達到國中生的對話能力或日常交流的水準。相較於英文語法需要名詞和動詞來構成句子，日文只需一個動詞即可。

而在學習日文的過程中，有一個有趣的階段叫「場面話」，聽起來相當幽默，但在實際應用中卻非常實用。

透過時間管理，你可以將學習過程分成幾個階段，例如半年內學習基本詞彙、理解語法或提升口說和聽力能力。

學習新的語言一直是很有趣的事情。想想看，為了自信地使用日文交流，你需要先掌握什麼？首先，你需要理解一些常用詞彙，如「おはよう」（早安）和「ありがとう」（謝謝），以及最重要的語法結構。

例如，日文「我的名字是瀞」寫作「私の名前はチンです」。這句日文的結構可拆分成五個部分，分別是：

「私の」（watashi no）意思是「我的」；「名前」（namae）意思是「名字」；「は」（wa）是個主題標記助詞；「チン」（chin）片假名發音，以及最後的「です」（desu）則相當於中文的「是」。

提升口說能力也相當重要，如此才能在語言交流中自然且流暢地表達；找個語伴一起練習也是一個不錯的選擇。

將皮克斯的創意方法融入學習過程也很有效。你可以在每個階段進行反饋和調整，例如先學習一百個常用單字，再試著以這些單字造句。也可以請朋友提出建議，進而逐步擴展詞彙量。

另外，參加語言交換活動也是訓練口說能力的好選擇，透過與日本朋友聊天獲得反饋，並藉此改進並不斷練習。

時間管理能進一步幫助你設置明確的學習階段目標，例如在第一個月內完成基本詞彙學習，或第三個月專注於口說練習，如此可有效避免拖延並保持學習的連貫性。

優先處理重要任務同樣關鍵。如果發現口說能力需要加強，便應該多花時間在這方面；定期檢查進度，每兩週回顧一次學習情況，以便及時調整計劃。最重要的是，保持彈性。

學習過程中，難免會遇到挑戰，例如某些語法特別難以理解。這時，就需要留出足夠的時間來調整計劃，避免因突發情況而影響學習進度。

透過逆向思維、皮克斯的創意方法與有效的時間管理，將能更好地管理學習過程，靈活應對各種挑戰，實現學習和任何屬於自己的核心目標。

子彈筆記

⊘ 成功不僅取決於臨場反應，更在於你在事情發生前的充分準備和計劃。

⊘ 透過逆向思維反推達成目標的步驟，有助於更有效率地找到正確路徑，並避免走冤枉路。

⊘ 皮克斯的創意方法展示大量嘗試和快速失敗的重要性。透過不斷修改和評估提升創意，並推動故事或項目發展。

⊘ 有效的時間和資源管理有助於合理安排每一步驟，確保在過程中不迷失方向。請掌握一些基本的時間管理技巧，像是善用行事曆、番茄鐘或理解SMART目標設定的觀念。

⊘ 儘管有計劃，但面對不確定性時，保持彈性可以隨時調整計劃以應對突發情況。

⊘ 隨時清空記憶體，記錄瑣事以減輕大腦負擔，使其能專注於更重要的思考和創造。

「不用花時間準備的事情通常沒什麼價值，在面對重要挑戰時，光靠臨場反應也往往不夠。」

寫下專屬於你的高效能原則，
現在就開始執行吧！

II

精準高效實踐。

理論建構框架，實踐賦予生命，用對方法收獲最佳成果。

Chapter 3

個人代理

一天早上，一個小男孩醒來時發現房間裡有一條小龍。他興奮地告訴媽媽這個奇妙的發現，但媽媽卻不以為然，說「沒有龍這回事」，直接忽視小男孩提出的這個問題。

隨著時間推移，這條小龍變得越來越大，並在家裡造成了各種麻煩。儘管情況越來越嚴重，大家依然拒絕承認龍的存在，使得問題變得更加複雜。

最終，小男孩和媽媽發現，真正的解決之道在於面對並處理這條龍。在他們決定承認龍的存在，並積極解決問題後，龍縮回到原來的大小，變得友善了。

這個故事來自於《沒有龍這回事》（*There's No Such Thing as a Dragon*）。它告訴我們面對問題時，忽視它們只會讓問題變得更糟。

真正的智慧在於正視問題，積極地尋求解決方案，如此才能讓問題得到根本的解決。

獨樹一幟

為什麼我會覺得「個人代理」（Personal Agency）是必要的？特別是在科技與資訊一日千里的時代，其重要性只會日益增加。我想這可以從它的定義，以及它在我們生活中所能發揮的作用說起。

「個人代理」的核心在於透過一系列具體的行動，找到最適合自己發展和提升影響力的方法與原則。專屬於你的原則將引領你開創人生的第二曲線，這非常重要。如果我們的目標和方向不明確，行動就如同「布朗運動」（Brownian motion）中的微粒，在流體裡隨意漂移，偏離初衷。

讓每一步行動越清晰且越深入是很重要的，無論是短期還是長期的目標，我們在各種情境中就能更有效地規劃和發展適合自己的方法與策略。

不論是在工作、學習或人際互動中，這些有計劃的行動最終都能幫助我們提升實力，並有效擴大影響力。最後也要注意，「個人代理」的概念也有其特定範疇，但不限於「獨立思維」、「個人驅動力」和「自我主張」。

簡言之，「個人代理」能高效地幫助你尋找那些使你變強、專屬於自己的必要資源。最重要的是，它可以幫助你減少不必要的認知負荷，並將更多的認知資源集中在有意義的活動上。

首先，我想指出一個多數人的迷思：能迅速完成事情的人，就是厲害的人。

例如，從小我們在算數學時，能迅速心算出答案的學生通常會被認為很厲害。但仔細一想，心算的速度再快，也不代表就能夠解答高深的數學題目。真正的數學思維，需要的是對問題的全面分析和對於本質的理解，而這當然遠超過了單純的計算速度。

在《三國演義》中，當諸葛孔明羽扇綸巾、使出空城計時，司馬懿看到這一景象並沒有立刻發動進攻，反而回頭仔細思索了一番。即使這可能只是虛構的情節，但它讓我反思了社會中普遍存在的一種觀念：有時候，急於行動並不一定是智慧的表現，冷靜思考和謹慎判斷同樣重要。

接下來，請嘗試解答以下問題：

假設在你面前有三個人，分別是A、B以及C，而A只能看得到B，B只能看得到C，C則看不到任何人。

問題來了，如果A是一名教授，B的身分未知，C則不是一名教授，請問在上述情境下：

「是否有一名教授正看著一名不是教授的人？」

A（教授）—看得到→B（身分未知）—看得到→C（非教授）

答案是，確實有一名教授正看著一名不是教授的人。真正的問題是，你有沒有察覺，這裡的「身分未知」只有兩種可能。

無論B的身分為何，問題中的情境都能符合「一名教授正看著一名不是教授的人」的描述。

有些問題，初看似乎沒有答案，但其實並非如此；一旦你理解與掌握了「個人代理」的原則，你會發現，許多看似棘手的問題，都有最佳解答。

最後來說一下定義：

簡單來說，「個人代理」是指利用科學的方法，協助自己按照最適合自己的方式，進而影響自己行事的「技能」。其中包括了形塑個人價值觀、目標期望和認知能力。

你真的理解自己的價值觀嗎？有什麼是你非得做的事嗎？你是否擁有足夠的視野，幫助你看到自己真正期望的目標？你是否知道，為了達成這個目標，你所需要掌握的知識、技能以及工具在哪裡？

你的認知和決策，受限於你所接收到的資訊。如果你能掌握「個人代理」的使用方法，就能以更清晰的原則，發掘並撬動屬於自己的另一種可能。而當你擁有屬於自己的原則，自我成長的路上將隨處可見明確的指引。

破除第二大腦

在「個人代理」的實踐中，你要學會如何有效利用你的大腦來進行思考和決策。這包括了正確地管理資訊、系統化地分析問題，並避免陷入無窮無盡的發散思維中。

你必須盡可能地完整呈現資訊，讓它攤開在你的統合工具——大腦——面前。大腦這個統合工具非常強大，然而，它卻不擅長從既有的資訊中向下挖掘。

相對地，它更擅長橫向思考，因此有些人可能會因為大腦的發散性思維，而無止境地發散想法。簡單來說，這就是分心的一種。

例如，有些人可能一開始只是想解決一個單純的問題，卻會因為大腦的發散性思維，而不停地想到其他較不相關的事情，導致最終無法專注於最初想解決的問題，甚至遺忘自己原本的目標。

對自我成長有興趣的你，或許聽過「第二大腦」。然而，因為大腦的統合能力極強，所以你其實並不需要額外的「第二大腦」。真正重要的是，如何高效地使用我們的大腦，這是一種可以鍛鍊的技能。

具體而言，你需要的是一個明確的策略，以幫助你更好地利用這個強大的統合工具，尤其目前還沒有任何工具或人工智慧能完全替代人腦的統合能力。

值得注意的是，部分研究指出，在一天中的某些時刻，你實際上會使用到百分之百的大腦。

例如，當你專注於複雜任務或面對挑戰時，大腦的不同區域會被啟發，並協同工作以解決問題。這是正常的，也因此大腦實際上可能會被過度使用。如果有人告訴你他的大腦已經過度運作了，請相信他，這確實是存在的現象。

然而，如何有效利用大腦來獲得最佳成果才是關鍵，而不是僅僅嚐到過度使用的苦果，卻未能收獲高效發揮所帶來的成果。

若能好好掌握「個人代理」，你就能建立一系列框架，有效地利用大腦進行思索和挖掘。這些框架能引導你有系統地整理和分析資訊，避免迷失在無邊的發散思維中，並深入理解問題，找到最佳的解決方案。

小小的點子

在學校裡，我經常遇到學生來與我討論他們的研究課題，他們有時會分享一些有趣的點子。例如，有位學生曾問我：「老師，我們能否嘗試將石墨烯混入黏土材料中，以提升其力學性質？」

對此，我會回應：「這個主意很有趣，但你為什麼會想到要這麼做呢？」

這種情況在研究所中尤為常見，特別是當學生聽完我介紹實驗室的最新研究後，他們會迅速提出一些橫向思考的點子。

然而，這些點子往往缺乏嚴謹性，經不起深入的檢驗。如果隨意接受這些橫向思考的點子，通常無法產生實質性的結果，也無法解決根本問題。

儘管如此，我不會完全否定這些想法，因為任何想法都是相當值得鼓勵的。事實上，它們有時可以作為學習過程的一部分，幫助學生理解如何充分分析和評估點子的可行性，有時也能從一個小小的點子中釐清一些方向，避免不必要的錯誤。

例如，在疫情嚴峻的時期，我曾聽到學生提出：「老師，我們能否將快篩試劑拌合到土壤中，以提升土壤的整體力學性質，同時還能處理掉大量的快篩試劑？」這些天馬行空的創意雖然有趣，卻往往只能用來激發新的思維，不一定具備實際的可行性。

若以這個想法為例，首先，我們需要了解該如何處理快篩試劑，才能順利與土壤混合。

為了幫助你理解這一過程，你可以將其比擬為製作壽司。以加州卷[3]為例，如何將新鮮的黃瓜、蟹柳、酪梨、美乃滋等食材組合成壽司？如果沒有外層的海苔，便很難將食材黏合在一起，飯粒也難以團聚，更別提要提升其力學性質了（這類力學提升可能讓壽司變得更堅硬，具有更多嚼勁）。

---

3 加州卷（California Roll）加州卷並非是加州居民所創作的料理，而是由住在加拿大的日本人東條先生所設計，原名為「東條卷」。東條先生因此設計獲得日本官方的正式表揚。此發明的厲害之處，是它成功地替代了生魚片的口感，讓西方世界更願意嘗試壽司。

讓我們回到「拌合」這件事上。

其實到目前為止，我們仍未能成功地將這些食材均勻混合。以韓式拌飯為例，當你用湯匙攪拌蔬菜、米飯和鍋巴時，如何才能將這些食材均勻混合？水的調配比例，以及米飯的種類都是關鍵因素。

這裡的精髓在於，你需要掌握「個人代理」，以幫助你釐清並深入思考這些點子的實際可行性。

在疫情期間，我們團隊成功地將口罩材料與土壤混合，使這種土壤組成物的力學性質得到顯著的提升，並因此獲得名為「土壤組成物及其製造方法」的發明專利。

接下來，我將分享一位頂尖遊戲製作人的例子，以學習他如何Step-by-step地創作遊戲，並幫助我們掌握「個人代理」的應用。

遊戲製作人

遊戲製作的技巧在於如何將成功的經驗流程化與公式化，而此原則同樣也適用於其他領域。最重要的是，你需要有意識地將這些經驗和流程視為掌控自身行為和環境的工具。

這種方式也可以稱為「個人代理」，即把有效的經驗和策略內化為自己的思維和行為模式，進而在各種挑戰中取得優勢，以實現超前一步的效果。

具體而言，我將透過日本遊戲界的傳奇製作人宮崎英高為例，來幫助你理解這種「個人代理」的應用。

首先，我們要了解遊戲製作人的主要職責。

開發一款史詩級遊戲的難度極高。一般來說，著名遊戲的開發與設計通常需要四年的時間。作為一名遊戲製作人，你必須具備卓越的組織和領導能力，才能成功打造經典遊戲。即使遊戲順利開發出來，也不一定能受到市場歡迎。

遊戲製作的祕訣可概括為以下步驟：

① **概念化遊戲設計**：確立遊戲的願景和目標，確保玩家體驗的感受，包括遊戲

的主題、風格、核心玩法和玩家互動方式。

②**組建專業團隊**：根據遊戲需求，組建涵蓋各領域的專業團隊，包括故事創作、藝術設計、音樂編排與程式開發等。每位專家專注於自己的領域，並確保各部門協同合作。科學家在遊戲中的重要性在於確保遊戲設定符合物理科學，以避免不合常理的情況。

③**進行遊戲測試**：組建測試團隊反覆測試遊戲，檢查並修正問題。測試階段需要持續的反饋和調整，以確保遊戲在實際操作中達到預期效果和品質標準。

④**建立社群互動**：遊戲發布後，持續與玩家社群互動，處理問題、收集反饋、進行升級和維護。良好的社群互動有助於增強玩家的滿意度和忠誠度。

這實則是一種強調系統化和流程化來達成目標的觀念。只要按照既定步驟進行，避免從零開始，就能有效實現預期成果，這正是「個人代理」的理念——運用既有經驗和流程，從而有效管理和掌控挑戰。

除了這些基本祕訣，宮崎英高的成功之道，以及創作方式與手法也值得你深入思考。

他在遊戲製作中，會讓團隊成員專注於自己的工作領域，毋須了解其他成員的具體工作內容。最終，他再將所有資訊和成果合理串聯，形成經過精心設計和完整統合的遊戲產品。

這種方法類似於前述大腦的統合工作模式，在任何思考與決策過程中，雖然大腦的各部位在產出最終成果之前可能對其並不完全了解，但由於每個步驟都已依據系統化的流程進行，便得以確保最終統合目標的實現。

最後，我想再跟你分享一些值得了解的遊戲設計理念，以及宮崎英高的創作之路。

從他的訪談中可以得知，宮崎英高從小對「遊戲書」充滿熱情。他畢業於慶應義塾大學社會科學系後，首先進入了知名的甲骨文公司工作，隨後便追隨自己的熱情進入了遊戲產業。

在他操刀的遊戲中，玩家通常需要收集各種「資訊碎片」，藉以拼湊出完整的、他有所保留的故事背景。這種設計方式不僅能夠培養玩家的思考與解謎能力，還能促使玩家之間進行交流與討論。

宮崎英高的遊戲設計理念還有一個核心要素，就是盡可能地讓玩家在挫敗後享受極大的成就感。

為了達到這一點，遊戲必須具備深刻的故事性和技術挑戰性。宮崎英高不僅成功地將這些元素結合在一起，更融入了自己在社會學系體悟到的「壓抑現實主義」（Depressive realism），從而形成了他獨具魅力的壓抑美學。

最特別的是，他為了讓遊戲的故事情節更具史詩感，還邀請了知名作家喬治·

馬丁（George Martin，《冰與火之歌》的作者）為他補完遊戲的故事背景。

另外，在操作技術方面，喜愛他遊戲的玩家大多會從一開始的挫敗和怒罵聲中成長。由於他所設計的遊戲對操作技術要求極高，因此玩家勢必會在不斷的失敗中感到沮喪，有時甚至會憤怒地摔鍵盤。

然而，隨著反覆地操作，技術便得以提升。這時候，玩家會逐漸改變心態，體會到自己的操作技術的進步，且還能打敗之前無法戰勝的魔王等。

這樣的過程能讓玩家逐步認同遊戲的操作技術挑戰，並藉此感覺自己變得更加厲害，也彷彿獲得了一項新的技能。

宮崎英高曾說過一句令我深有同感的話：「整天擔心失去工作的人做不出優秀的遊戲。」

他堅信這一理念，並保證只要他在的一天，就不會裁員。因此，他也表示他的員工一百萬年內都不會被裁。

總而言之，從宮崎英高的遊戲製作過程中，我們可以理解他的成功包含：

● 設計讓玩家腦補故事劇情的碎片化資訊，即「遊戲書」帶來的啟發。
● 讓玩家透過挑戰提升技術，並獲得成就感。
● 不要擔心失去工作，要擔心如何製作出優秀的遊戲。

因此，運用「個人代理」的策略性思維來整合經驗和流程，可以幫助你在面對挑戰時超越他人。

你的策略性思維將會如何幫助你實現超前一步呢？

子彈筆記

- 如果你能掌握「個人代理」的使用原則，你就能以更清晰的方法，發掘並撬動屬於自己的另一種可能。
- 「個人代理」能幫助我們高效地尋找和利用資源，減少認知負荷，形成清晰的目標和價值觀，避免思維發散，從而在面對挑戰和變化時做出更深入和智慧的決策。
- 「個人代理」的邏輯是將成功經驗和方法內化為自己的思維工具，透過系統化思維和流程化方法，主動控制行為和決策，高效利用資源，並持續評估和調整策略，以實現預期成果。
- 大腦的統合能力極強，所以你並不需要額外的「第二大腦」，而是需要將必要的資訊攤開在你眼前。
- 如宮崎英高在遊戲設計中的做法，透過建立清晰的遊戲設計框架和反覆測試來優化遊戲質量，將經驗轉化為行動指南。

寫下專屬於你的高效能原則，
現在就開始執行吧！

你其實並不需要「第二大腦」，真正重要的是，透過明確的策略，鍛鍊出「高效使用大腦」的技能。

Chapter 4

找尋「最小可行方案」

這天，一隻剛孵化的小鳥站在鳥巢邊緣。這是牠第一次看到廣闊的天空，也是第一次感受到，原來外面的世界充滿未知。牠既渴望飛向天空，卻又發現自己其實還沒有飛過，甚至也不確定自己到底會不會飛。

小鳥的心裡有個聲音反覆地說：「如果我不嘗試，就不會受傷害。」然而，小鳥又同時思考著：「如果我不去試試看，不就永遠不知道自己到底能不能飛？」牠開始思索著，自己待會要不要先試試揮動一邊的翅膀，好讓另一邊的翅膀滑翔。

終於，這隻小鳥鼓起勇氣，輕輕地拍動著翅膀，跳出了自己所處的小巢。最初，牠的飛行確實並不穩定，身體一直顫抖著，翼尖也有些不聽使喚。但隨著雙翅的拍打，牠漸漸理解了在飛行中保持平衡的重要性，順利地在空中飛翔。

這個故事來自《如果我永遠不敢嘗試》（*If I Never Forever Endeavor*）。

唯有真正飛翔一次，才有機會理解和想像新的可能。即便過程中充滿挑戰，只有勇敢地去嘗試，你才能發現人生中的驚喜與美好，進而越做越好，也才會看到新的需求。

原點

當你面對全新的任務或挑戰時，往往會因為「未知」帶來的不確定性而感到迷惘，甚至選擇逃避。然而，這種迷惘最具危險性的是，它必然會使你停滯不前，無法獲得任何實質性的進展。

以我指導研究生的經驗為例，每年新生報到時，我會先盡可能地為他們提供全面的教育訓練，期望他們能夠在我們實驗室既有的基礎上，設立更高的目標，並望得更遠。

在完成基本訓練後，我會開始鼓勵他們探索更具創新性和實用性的研究方向。我們會一起花時間探討各種可能的研究方案，並制定初步可執行的步驟。

然而，多數學生會在數週後的會議上告訴我：「老師，我目前還沒有進度，能否再給我一些時間思考？」

事實上，我並不期望他們能在一開始就交出優秀的成果。相反地，我更希望聽到他們在實踐與反思過程中所遇到的挑戰、觸及的經驗，以及拆解未知、克服挑戰的過程。

那些能越早理解自己必須根據實踐經驗改進最初步驟，並反覆驗證理論，甚至更新研究目標的學生，往往都是能取得重大成功與突破的優秀學生。

多年來的教學經驗讓我明白，許多學生會因為擔心第一步做得不夠完美而猶豫不決，導致計劃始終停留在構思階段。這樣的結果是，你將無法從實踐中獲得關鍵資訊。畢竟，腦中的構思和想像，遠遠不及從實際操作中獲得的真知。

這種停滯不前的根本原因，在於「理論知識」、「實踐知識」和「技術」方面的不足。每個人看待與理解事物的方式都不盡相同，也因此在多數情況下，人們往往只能看到事物的一部分，而非全貌。

在深刻理解並感同身受這個問題後，我會開始鼓勵那些有志於進步的人，要勇於嘗試與接受「具啟發性的試誤」——或許不夠完美、讓人猶豫不決，但也正是這些不完美中蘊含的啟發性價值，往往最為珍貴。

唯有透過實際操作，才能真正學習並提升知識，也才能發現那些一開始未曾察覺的真正問題。這正如學習撲克牌遊戲規則、騎腳踏車或開車的經驗，必須在實際操作後，才能真正掌握這些技能。

那麼，為什麼我們在面對困難與挑戰時，常常忘記去實踐呢？這正是你需要理解「最小可行方案」這個原則意義的所在，其重點在於，它是一個可實踐的計劃，不僅能幫助我們看見全貌，找出規律，還能將構想轉化為現實，並逐步實現目標。

計劃藍圖缺失的那一角

儘管計劃藍圖非常重要——它能使我們的目標具體且可視化——但如果藍圖不符合「最小可行方案」的標準，其充其量就只是一個草圖，而非可靠的計劃。

凡事都應該先嘗試完整地實踐一次，將藍圖升級為「最小可行方案」才能真正有所體會，並看見下一步的方向。

就如同前述故事中剛孵化的小鳥，在尚未實際飛翔之前，牠甚至以為能只拍打一邊的翅膀，並讓另一邊的翅膀滑翔。而在經過最小程度的飛行後，牠才知道這樣做無法取得平衡，也無法飛行。

相較於無中生有，親自體驗後才能真正發現與理解，「未知」與困難所在。在此基礎上，你可以開始思考問題的來龍去脈，並逐步將「最小可行方案」轉變為現實。

如前所述，「最小可行方案」主要可以分為「實踐知識」和「理論知識」兩部分。許多人可能沒有意識到，雖然這兩者密切相關，但它們實際上是不同的概念。

流體力學教授／水管工

在大學時，我記得一位流體力學的教授曾舉過一個至今仍令我深省的例子。他提到一位非常擅長修理水管的老練工人，能夠處理各種水管問題，無論是漏水、堵塞，或是其他機械性故障，這位工人都能迅速且有效地解決。

然而，不論這位工人多有經驗，他若僅停留在操作層面，而不去思索流體的本質，就永遠無法理解如何透過「連續性假設」來描述某些流體問題，從而在面對更複雜的情況時進一步提升。

例如，他可能熟練於解決單一水管的堵塞，卻對於如何設計一套高效的管道系統毫無概念。除了疏通流體以外，水管在工程領域其實還扮演了另一個重要的角色，那就是讓流體在管線裡保持穩定的流動。

更進階一點，甚至還要考慮如何讓兩種以上的流體充分且均勻地混合在一起；這些都不會是在單純維修水管時會考慮到的問題。

或許在不理解理論知識的基礎下，這位工人能成為一名出色的工匠，但在更宏觀的設計、處理複雜問題與最佳化方面，他的能力將受到限制。

相反地，流體力學的教授由於在理論與機制方面已達到極高的造詣——他熟知流體的動態行為、壓力分布，以及如何利用數學模型來預測流體的流動方式——因而能夠準確地描述水流在不同管道中的行為，甚至可以設計出極創新的管道系統。

然而，若他缺乏將水管安裝於水泥牆中的實踐知識與技術，便可能在面對實際問題時無能為力。當遇到具體的水管問題時，他或許懂得理論背後的所有原理，卻可能連基本的修理工作都無法完成。

透過經驗老到的工人與熟知原理的教授，充分揭示了理論與操作之間的巨大鴻溝。簡而言之，理論通常試圖將問題簡化，以便研究者能在特定領域取得突破性進展。這些理論對於深入理解事物的本質至關重要，但它們往往與現實世界的複雜性保持一定距離。與此同時，操作層面的挑戰則在於如何將理論應用到具體的實踐中，以解決眼前的問題，應對現實環境中的不確定性。

「理論知識」如同構思階段的基本理解和預測，旨在幫助我們建構出一個有意義的框架，從而預測未來的可能性，並解決未來可能遇到的問題。

然而，「實踐知識」則要從實際操作中獲得，透過應對具體挑戰、提升效率、解決問題來完善設計。這種「實踐知識」不僅補充了理論的不足，還幫助我們在具體情境中驗證和修正理論，使其更接近現實。

水管門事件

在操作層面，我們往往面臨著需要立即解決問題的壓力，而不僅僅執著於理論的突破。

再次思考前述水管工人的例子。針對修理管線，他的首要目標是讓水管恢復正常運作，而非改變整體設計；而對於教授來說，理論的推導或許是其學術生涯的重心，但當面對具體問題時，他仍必須學會將理論與實踐結合。

因此，無論是設計新產品、開發軟體，或是解決日常問題，僅有理論或僅有操作都是不夠的。兩者的結合才能使設計與創新真正落地，這也是相當關鍵的技術。理論建構框架，實踐則賦予框架生命。

唯有透過不斷的實踐，才能在現實中驗證並完善我們的構想，從而實現理論與實踐的真正融合。這樣的融合，既能產生出色的工匠，也能培養具備實踐能力的理論家，讓你在任何議題與挑戰上創新和進步，並得以在現實世界收穫成果。

在現代大樓的建設中，設計與監造時通常會預留冷氣排水孔，好讓冷氣的凝結水順著排水孔流入大樓的存水槽。如此既有助於水資源的再利用，也能有效地維護環境。

然而，我曾在新房子裡遇到一個意想不到的冷氣排水孔堵塞問題，不過這個例子剛好能幫助你體會理論與實踐之間的距離。

在我搬入新家時看似正常的排水孔，卻因為我在炎熱的傍晚同時開了兩臺冷氣，而突然湧出大量的水。不斷湧出的水不僅讓我措手不及，更讓我才剛鋪設好的木地板受損。

心痛之餘，我開始思考：「為什麼會堵塞？」

住戶在入住前，會檢查相關排水孔是否有問題。而冷氣的安裝過程中，裝修師傅也會測試排水孔是否通暢。

由於後續我還在該牆面新增了一個插座，因此我心想：「該不會是配電人員，在新增插座時不小心讓碎石掉落，因而使排水孔堵塞？」

然而，當前更重要的是找到堵塞的確切位置，並將問題排除，而光是這一個步驟就已耗費了大量的時間和精力。

我嘗試了多種方法都徒勞無功，不論是從排水孔的物理檢測或使用鐵絲進行檢查（由於排水孔嵌入在牆體內，經過幾個轉彎後位置就難以確定）。

最後我決定，還是請專家來幫忙。專家看了一下後決定先用高壓灌氣，試圖直接將阻塞的地方疏通。沒料到的是，當高壓氣體灌入時，由於該管線連接著兩臺冷氣的排水孔，氣體一灌入，水便從另一臺冷氣的接口處湧了出來。

幸虧冷氣沒這麼脆弱，沒有因為這逆流而上的水而損壞，不然災情除了木地板，恐怕還要加上冷氣機一臺了。

這時候，專家決定拿出一臺水管阻塞探測儀器，想透過該探測器尋找堵塞的位置，並開始準備拆牆。

比較讓我訝異的是，這臺探測器有大約三公尺的誤差範圍，因而只能沿著牆面大面積地開鑿。這種誤差範圍讓我甚至都開始懷疑，該探測儀到底有沒有發揮到任何功效，還是僅僅起到一種安慰劑（placebo）效果。

在費盡千辛萬苦替換堵塞的水管後，當然還要進行牆面的修復。首先，我們需要在破損周圍塗上黏膠，並分次補上水泥。

這個過程並不如想像中簡單。如果忽略了地心引力的影響，直接一次性地將水泥填補在破損處，水泥便會因重力而下滑，導致牆面接合不完全。

牆面修補的實踐知識在於：

除了水泥以外，必須使用能接合新舊水泥面的黏膠，且必須分多次進行。

若不在構思階段充分地考慮各種可能性，就必然會在實踐時遇到更多困難。像是「黏膠要多久才能有效地與水泥結合」、「該過程要分幾次才能得到滿意的效果」……這些寶貴的實踐知識，就是專家們透過細緻的觀察與實作為我們累積下來的。唯有深刻理解這點，你才能從心底感受到那份專業背後的堅持與努力。

「理論知識」固然重要——它就像設計階段的藍圖，為我們提供了基本的理解和預測——但有太多的細節是理論無法考量的。唯有當理論遇到現實問題時，那些真實卻未曾被預判的問題才得以浮出檯面。

「實踐知識」則來自於我們在解決具體問題過程中所積累的經驗。這些經驗教會我們如何應對突發情況、提高工作效率，並揭示了「理論知識」中未曾考慮的細節。

透過「最小可行方案」能夠獲得逐步改進的過程，使得計劃不再只停留於藍圖中，而是在現實世界中發揮作用，帶來實質性的進展。

最後，給即將入住新房的你一個建議：請親自檢查排水孔的狀況。不要只做象徵性的檢查或表面測試，最好灌入大量的水測試，以確保排水暢通。

這刀下去

理論固然重要，但無論擁有多少「理論知識」，唯有透過實踐，才能找到具體的解決方案，實現「最小可行方案」。反覆迭代「最小可行方案」的過程中，你不僅能持續驗證理論的正確性，還能逐步完善計劃，最終達到更優秀的結果。

不同於年輕時的我，如今我更習慣去百元理髮店剪頭髮。或許是因為年紀的增長，現在的我慢慢發現只要能夠快速剪出自己習慣的造型就足夠了。

與理髮店的理髮師聊天後，我才明白，原來百元理髮店的理髮師才是真正的高手。他們的技巧源自於豐富的經驗和高強度的訓練——每天要應付大量的顧客，經驗累積的速度是設計髮廊理髮師無法比擬的。

其中一位理髮師告訴我，他有位朋友曾經到澳洲打工，擔任美髮師。起初，他以為這位朋友未來回臺灣時，會因此經歷而有很大的發展優勢，畢竟對方在國外見識了各種不同的髮型與頭型。然而，事實卻並非如此。

由於外國人的頭型和臺灣人的頭型有極大的差異，因此儘管這位朋友在國外習得不少剪髮技巧，在回到臺灣後，仍然需要重新適應和學習，才能符合本地顧客的需求。

如同前述，百元理髮店的剪髮速度和強度更是設計髮廊難以企及的，這位理髮師強調，百元理髮店的理髮師必須擁有極快的手速和精準的判斷力，知道這刀下去後頭髮會變成什麼樣子。其中的技巧不是單靠理論就能學會的，而是透過無數次的實踐所積累出來的寶貴經驗。

在設計髮廊的理髮師每天可能只剪幾顆頭，因而訓練量有限，但在百元理髮店的理髮師，一天可能要剪上百顆頭。這樣的高頻率操作與高強度實踐，能讓他們在短時間內精準地修剪，滿足與理解顧客不同的髮型需求。

只有在完整地剪完一顆頭後，才能真正有所體會，因為每一個細節——從頭髮的質地、顧客的需求到修剪的角度——都需要透過實踐與觀察來掌握。而正是這些實踐中的微妙差異，決定了最終的效果。

無論擁有多豐富的「理論知識」，唯有透過實踐不斷累積經驗，才能真正掌握一項技藝，實現理論到現實的轉化。這樣的實踐，是走向成功的必要途徑。

後來我才知道，原來這位年輕的美髮師是店長。她的經驗確實相當豐富，技術更是沒話說。

我們常以為自己已經「懂了」某些事情，但事實上，很多時候只是停留在表面上的「知道」，距離真正的「做到」或甚至「真正理解」還有很大的差距。

還記得前述冷氣排水孔堵塞的故事嗎？我曾在某場演講中詳細地解釋了這個問題該如何分層處理。有位學生在演講結束後跑過來跟我說：「老師，我以前以為自己知道怎麼解決這種問題，但其實根本不懂！我還以為只是把水泥填回去就好了。」

他說：「真的像您講的，我們很多時候以為自己懂了，但實際上根本沒搞清楚。」這種情況實在太常見了。我們所謂的「知道」，有時只是停留在表面的理解，並未深入理解具體細節。當需要實際動手解決問題時，才發現完全無法應對。

這種情形在學生身上尤其明顯——平時做練習時覺得都懂了，但到考試時就卡住了，還常怪自己「粗心」。但事實上，問題並非是粗心，而是根本沒有真正理解透徹。沒有主動去經歷一次又一次的「知道」與「實踐」，便很難達到「真正的理解」。

更深入來說，很多人不僅「不知道怎麼做」，甚至還忽略了問題的整體背景。他們只知道某個步驟，卻沒有考慮到這個解決方案可能帶來的其他連鎖反應。而這就是所謂的「一問三不知」——不知道問題的原因、過程以及後續結果的影響。

我常跟學生說，無論面對什麼挑戰，都不要停留在「好像知道了」的感覺，而要做到「一問三知」，即「了解事情為何發生（原因）」、「事情如何發展（過程）」以及「會產生什麼結果（影響）」。唯有如此，才是真正掌握問題，也才有能力去解決它。

就像你在處理電腦故障時，光知道某個零件壞了是不夠的。你還需要了解它「為什麼壞掉」、「是怎麼壞的」以及「修好後會不會牽連出其他問題」。

如果你能搞懂這些，那才算是真正「知道」。更重要的是，如果你能多次成功處理類似的問題（就像足球裡的「帽子戲法」），你就可以算是真正理解了。

我也常在演講後，發現聽眾不知道自己要提問什麼，其實這背後的原因是，多數人不知道如何提出好的問題。那麼，學會問好問題的第一步，就是把別人問過的好問題記錄下來。

如此一來，下次碰到類似的情境，你就可以提問出有見地的問題。而當你這麼做了三次，在下一個重要場合，你就能提出深刻的問題和建議！

未來在面對問題或挑戰時，請記得提醒自己不要輕易滿足於「我知道」的假象。要深入理解問題的來龍去脈，並提前為每個環節做好設想。如此才能真正從「知道」走到「做到」，徹底解決問題，並在關鍵時刻發揮出最佳表現。

白色琴鍵的寬度

由於在構想階段的資訊十分有限，我們經常會面臨許多不確定性和挑戰，使得現實與想像之間的落差更加明顯。僅依賴構想而缺少真實情況的反饋，無法獲得真實且有用的設計。

就像一位廚師，即使擁有豐富的「理論知識」，如果不親自料理上百道菜並反覆實踐，也無法創作出真正美味的料理。

如同藝術家在畫布上描繪宏大的畫作時，會在實際繪畫過程中遇到顏料混合與筆觸控制等未曾預見的挑戰。這些挑戰揭示了實際操作的重要性，也突顯了理論和現實之間的差距。

當你真正投入實踐時，這些抽象的設想才會具體化，從而暴露出設計中的問題與不足。就像要設計一臺量子電腦，你可能會先描繪出其功能和使用方式，並認為這些願景與構思都是完美的。然而，直到開始製作原型後才發現，某些設想中的功能可能無法實現，比如量子位元對環境極為敏感，容易出錯。

此外，運作的過程所需的配套措施，如大量的能量消耗、低溫需求或複雜的控制系統等問題，也都只有在實際嘗試中才能逐漸明瞭。這正是因為實際操作帶來的現實檢驗，使你不得不重新評估設計的可行性。

成功的過程始於一個基本但可行的原型，該原型不必完美，但它必須存在，因為它是將構想轉變為現實的第一步。無論你構想得多麼細緻，若無實踐基礎，一切都只是空談。

你可以在腦海中先設想鋼琴擁有八十八個琴鍵，但唯有在實際製作的過程中，你才會開始考慮琴鍵的尺寸、材料選擇與機械結構等諸多細節。這些問題只有透過實際製作才能真正解決。

例如，白色琴鍵的寬度通常會設計為二點三公分，這樣的設計便有其原因。由於成年人的手指寬度大約為一點六至二公分，因此這樣的考量不僅能讓多數人舒適地演奏，還能確保琴鍵之間維持適當的距離，並留出足夠的空間給黑鍵。

更重要的是，當一個概念變得具體（甚至是初步成形時），你就可以專注於具體的改進，而不是在理論中維持不切實際的構思。這些具體數據幫助你了解實際需求，為後續設計提供了依據，使你不僅止於依賴抽象的設想。

在此過程中，我們應該首先完成建構「最小可行方案」，並在此基礎上逐步提升其豐富程度、品質和創意。每個人的想像力都是無限的，若僅停留在表層，則無法轉化為實際成果。

擁有具體原型後，你的想像力便不再僅是虛構，而是有了實際可依賴的基礎，能夠不斷改進和創新。

實際操作還有一個重要作用：它可以提供直接的反饋，讓我們及時調整和改善設計。例如，在開發一款軟體時，初始版本可能只是簡單的原型，但透過反覆測試和使用者反饋，我們可以發現並修正錯誤，改進功能，將產品打磨得更加完善。

無論是在產品設計、軟體開發或其他領域，「最小可行方案」都是一個起點，它能將構想轉化為現實，提供一個可供改進的基礎。只有在這樣的基礎上，設計和創新才能真正落地，達成預期的成果。

在任何學習中，「最小可行方案」應該優先於理論——你所有的見解與感受，皆是源於實踐後的深刻觀察。這才是學習的根本所在。

我們應該珍視實際操作中的學習機會，將其視為構想走向現實的必經之路，而非停留在理論的空中樓閣中。現實的考量不僅能使設計更加實際，也讓我們的創新更有方向。

請默念與牢記：「最小可行方案。」

子彈筆記

- 真正的成功來自實踐中的經驗。無論是廚師烹飪、水管工人維修或藝術家創作等等，唯有實際操作才能提升技能並解決問題。
- 實際可行的計劃能逐步實現構想並達成目標。該方案不必完美，卻必須存在以驗證和改進設計。
- 理論提供框架和預測，實踐填補細節和解決實際問題，兩者結合才能實現創新和進步。
- 百元理髮師高頻率的練習，使他們能在短時間內精準地修剪髮型。不斷實踐，才能精進任何技藝。當然，也請記得水管工的例子，不要忽視精進「理論知識」。
- 從水管堵塞到牆面修補的例子中，理解實際操作才能察覺理論未預見的挑戰。
- 真正的理解不僅是表面知識，而是能深入了解問題的原因、過程及結果，並且具備解決問題和提出有深度建議的能力。
- 實際原型將抽象概念具體化，提供改進的基礎。實際操作能發現並解決設計中的問題，使創新和設計更具方向和實效。

寫下專屬於你的高效能原則，

現在就開始執行吧！

「最小可行方案」是將構想轉化為現實的起點，設計與創新因此能夠真正落地，達成預期的成果。

Chapter 5

執行清單

有一天早晨，熊哥哥和熊妹妹醒來後，發現熊媽媽為他們準備了一份「執行清單」，上面列著他們需要完成的家務：打掃房間、餵食寵物與整理花園。

熊哥哥看著清單，抱怨道：「這些家務看起來真麻煩，我們還是出去玩吧！」熊妹妹也點頭表示贊同，因為她更喜歡在草地上玩耍。

於是，熊哥哥和熊妹妹決定暫時忽視這些家務。他們在陽光下追逐蝴蝶，玩得不亦樂乎。然而，當他們回到家時，眼前的景象卻讓他們大吃一驚：房間裡的玩具堆得像座小山，熊妹妹的書本散落一地，寵物也看起來非常饑餓。

更糟糕的是，花園裡的雜草已經長得比熊哥哥還高，幾乎把整個花圃都遮住了。這時，他們才意識到，如果不完成清單上的任務，情況只會變得更糟：玩具不見了，書本亂成一團，甚至連寵物也不再高興。

最終，他們決定認真執行這份清單。熊哥哥負責打掃房間，把玩具收好，並整理好書本；熊妹妹則去餵食寵物，並對花園進行了徹底的清理，把那些比她還高的雜草一一清除。雖然這些工作讓他們有些累，但他們發現只要按照清單上的步驟來做，事情就會變得有條不紊。

在完成所有「執行清單」後，家裡煥然一新——房間整潔有序，寵物開心地搖尾巴，花園裡的花草也再次綠意盎然。熊媽媽回家看著整潔的家，也驚喜地笑了起來，對熊哥哥和熊妹妹的努力大加讚賞。

這個故事來自《班森熊的家務困擾》（*The Berenstain Bears and the Trouble with Chores*），說明了「執行清單」所能發揮、最簡單的效果。

神奇小助手

你是否經常被未完成的事情搞得手忙腳亂，或是做事情毫無章法？那些未完成的事是否經常在你腦中徘徊，使你難以集中精力完成當前更重要的工作，甚至影響你的工作質量？

這時，「執行清單」就像根救命稻草，它能幫助你將注意力集中在當前任務上，而不被那些未完成的事項干擾。同時，「執行清單」還能發揮額外的效益，幫助你完成基本要求，並思考和專注於完成更多具有邊際價值的事情。

「執行清單」的概念早在一七九一年就已經出現，美國開國先賢班傑明．富蘭克林（Benjamin Franklin）便曾在其自傳中提及這個方法——他每天都會制定一份「執行清單」，包括洗澡、工作、閱讀與整理物品等日常任務，以及一些自我約束的事項，例如不酗酒、傾聽、貞潔與反省等。

如果你在開始做任何事情之前，先制定一份「執行清單」，並提醒自己檢視這份清單，就不會整天被待辦事項困擾著。你只需要按照清單上的安排執行就好。

富蘭克林每天都用清單來計劃工作，並在每晚檢查自己完成了多少項任務。這樣的做法可以幫助我們清楚了解自己的進度和所耗的時間。

你一定聽過「一日三省」，但具體該怎麼做呢？其實，這跟富蘭克林的方法很相似。你只需要在每天開始時制定當日的計劃，並在一天結束時根據實際完成情況進行反思。如此便能幫助你在未來更有效地完成每日任務，並提升整體品質。

接下來，我會分享一些關於「執行清單」的優缺點，以及一些常見的實踐例子，幫助你更好地理解和運用這種方法。

執行清單的力量

「執行清單」的作用，遠比你想像的重要，因為你的大腦一次只能處理有限的事情。

面對外界的誘惑和各種干擾，完成任務時

常會因為細節繁多而變得混亂。這時候，清單就像是一位好幫手，幫助你理清思路，保持專注。

清單不僅是完成待辦事項的工具，它還能讓你在各種任務中保持井然有序。雖然像騎自行車或掌控烹飪火候這樣的技能，看似無法完全用清單來描述，但這並不意味著清單在這些領域毫無用處。

首先，你要明白，有時問題不在於清單本身，而在於你是否有合適的工具來使用清單。

例如當你想控制烹飪火候時，如果使用萬用鍋就簡單多了。萬用鍋的溫度設定和時間控制功能就像是內建的清單，能把原本需要依賴經驗和直覺的烹飪過程，變成一個可以量化和預測的操作。如此不僅降低了技術難度，還提高了效率和一致性。

再以印表機為例。在沒有印表機之前，人們要手工印刷大量的文字，費時又費力。而現代的印表機透過精密的執行清單或演算法，將每一行文字的指令轉化為具體的印刷動作，完美解決了這個問題。

重點在於，你不需要知道印表機的每一個技術細節，就能享受其便利性。現代科技將複雜的過程簡化為易於使用的工具，而這些工具背後的原理，實際上就是「清單化思維」的體現。

因此，清單的真正價值在於如何有效地利用它來完成任務。理解和善用清單，不僅能讓你在工作中更加高效，也能為生活帶來許多便利。

當然，你的大腦不擅長處理過於複雜的清單，因此簡化和濃縮是必要的。就像騎自行車的過程，如果把每一步都寫成清單，可能會顯得繁瑣。但如果簡化為「保持平衡，踩踏板提供動力」，就會容易得多。

總比沒有強

想像一下，如果你曾在臺灣的駕訓班學習過開車，那你一定會記得汽車駕訓班所傳授的一些口訣以及駕駛技巧。這些朗朗上口的口訣與技巧，就像是為你量身打造的「執行清單」。

它們不僅能幫助你通過考試，也能讓你養成安全駕駛的好習慣，讓駕駛的過程變得更高效也更安全。像是倒車入庫、路邊停車、通過S型道路等，這些都是駕駛技能中必不可少的部分。

讓我們來聊聊倒車入庫的流程：

①於距離停車位約一到兩公尺的位置，打開右轉燈，環顧周圍。

②確保右側後視鏡，並對準停車位的格線。

③將方向盤快速向右轉，慢慢地開始倒車與持續修正。

④車輛停穩後，將變速桿切至P檔，拉起手煞車，並關閉引擎。

對於老手而言，這些步驟可能有點繁瑣，但對於新手而言，這些細節的提醒非常重要。它們能幫助你建立堅實的基礎，使整體動作變得自然流暢。

而自動駕駛系統，就如同一臺極致精密的印表機，使每一步都按部就班地執行，以確保車輛準確地停在指定位置。

這個道理也適用於其他領域。例如，在學習烹飪時跟著食譜一步步操作，從選擇食材到烹飪步驟，都需要有條不紊。對初學者而言，這樣的「執行清單」能確保每道菜的味道都符合預期。隨著經驗的積累，你會越來越熟悉這些步驟，或甚至開始創新食譜，但最初的「執行清單」依然會是你的寶貴指導。

又像是在設計一場大型活動（如婚禮或企業會議）前，若能先制定詳細的「執行清單」，包括賓客名單、場地布置、音響設備或餐飲安排等，便能確保每個細節都處理妥當。少了這樣的「執行清單」，可能導致活動當天混亂，甚至錯過重要的安排。這些看似繁瑣的步驟，都是為了確保整場活動能夠順利進行。

當你依照「執行清單」來完成任務時，你會發現一切都變得井然有序，因為所有的步驟早已事先安排好，因此混亂的狀況自然就會消失。

「執行清單」為你提供了一個清晰的框架，讓你在面對工作時不會被無關的細節干擾，也不會因為漏掉某個重要步驟而手忙腳亂。尤其是在繁忙或壓力大的時候，

「執行清單」能幫助你保持冷靜，確保每一步都按照計劃進行，事半功倍。

在現代社會中，我相信你也會更信任醫生和飛行員使用「執行清單」，而非完全依賴直覺和習慣。或許倒車入庫這件事看起來不算大，但當任務越來越複雜，清單的重要性就越明顯，且能確保這項技術得以傳承。

既然如此，你是不是該開始建立自己的「執行清單」了呢？這樣一來，多數困難的事情就不再那麼難了。

流程管理大師

當你在處理某些任務時，若能清楚地看到每一個步驟，就能更有效地同時進行多項工作，而不必等到一項完成後再開始下一項。

這種方式在開車時或許不太適用，例如你無法同時左轉與右轉、踩煞車與油門，但在做實驗或料理時，「執行清單」便具有非常顯著的效果。

以準備三道簡易菜餚的晚餐菜單為例：

① 開胃菜：番茄黃瓜沙拉
② 主菜：煎雞腿肉
③ 甜點：蘋果片配肉桂糖

「執行清單」：

① 準備甜點（三分鐘）：將蘋果切片後撒上肉桂糖，放置一旁，不需要加熱。
② 番茄黃瓜沙拉（五分鐘）：將番茄和黃瓜切片，放入碗中。加入橄欖油、檸檬汁、鹽和胡椒，混合均勻，放置一旁。
③ 煎雞腿肉（十二分鐘）：將雞腿肉用鹽和胡椒調味。在平底鍋中加熱少許油，並將雞腿肉放入鍋中煎。每面煎約八至十分鐘，直到表面金黃且熟透。
④ 擺盤（三分鐘）：將煎好的雞腿肉放在盤子上。將番茄黃瓜沙拉分裝到碟子中。蘋果片可以直接放在碟子上，隨餐享用。

「執行清單」的提升效率的操作方法：

① **準備甜點**：將蘋果切片並撒上肉桂糖，快速完成後，讓它靜置一旁。

② **同時處理主菜和開胃菜**：在煎雞腿肉的同時準備番茄黃瓜沙拉。利用煎雞腿肉的時間，輕鬆準備沙拉，能節省時間並提高效率。

③ **擺盤與陸續上菜**：在雞腿肉煎熟前後，將沙拉和甜點擺盤上桌。

從上述簡單的例子，便可看出使用「執行清單」的效果。它不僅能幫你提升效率，還能幫助你在任何情況下保持冷靜和自信，因為你知道下一步該做什麼。無論是在料理或是工作時，清單都能讓你有條不紊地完成任務，實現更高效的成果。

執行清單的局限

然而，儘管清單有許多好處，卻也存在一些需要注意的潛在壞處。

雖然「執行清單」能顯著地提升效率，卻也有一些需要注意的問題。首先，過度依賴清單，必然會限制你的創造力和靈活性。

以日本節目《全能住宅改造王》為例，儘管每集的主題不同，但流程和音樂卻都是固定的。這種標準化方式雖有助於節目的穩定性，卻也可能抑制創新。如果你總是依賴清單，可能會錯過即興創新的機會。

我在日本擔任客座教授時，也曾遇過類似的情況。有些團隊過於依賴清單，一旦事情偏離預期，他們很快就會失去信心。過度依賴清單，不僅限制了執行過程，也使創新變得困難。重大的突破往往需要靈活應對和破壞傳統。創新可能來自於打破既定流程，而非一昧遵循它們。

此外，清單有時也會增加壓力感。如果清單上的項目過多，你可能會因此備感壓力，難以平衡各項任務的優先順序。這種壓力來自於對未完成事項的擔憂，尤其當工作或生活負擔沉重時，清單上的項目便可能讓你感到喘不過氣。

總而言之，「執行清單」提供了結構和組織，但過度依賴卻可能影響你的創造力、靈活性和心理健康。因此，最好的做法是將其作為輔助工具，結合靈活的工作方式和即興調整能力，才能更有效地應對挑戰。

就個人而言，「執行清單」的好處還是很大，只要你能理解並掌控「執行清單」，不讓它單方面地限制住你不同的可能性。請記得讓你的「執行清單」變得有趣，如此你才能輕鬆地完善它，使其發揮最大的效用。

執行清單ABC

當你面對一件從未嘗試過的事情時，最有效的辦法是觀察他人的做法，學習他人的經驗，再將這些經驗轉化為自己的清單。如此，當你再次遇到類似的挑戰時，就能有條不紊地完成任務。也因此，我認為清單最重要的作用，就是作為將「經驗轉化為具體行動」的工具。

通常，當我們面對一堆待辦事項時，若僅靠記憶來整理思緒，便容易遺漏一些重要細節。這不是你的錯，而是因為大腦容易分心，無法處理所有細節。這時，清單就顯得格外重要，它就像是「外部記憶體」，能幫助我們的大腦擺脫繁瑣的事務，專注於更重要的任務。

如同前述，「執行清單」可以幫助你集中注意力在最關鍵的事項上，確保每個步驟都不會被忽略，同時指導你有條不紊地完成每一項任務。

例如，當我在審查一項新研究時，我的第一步通常是檢查研究是否具有創新點、技術含量，以及是否能解決新的問題。這個過程實際上便是運用「清單思維」，逐一檢查研究的每個環節，以確保沒有遺漏任何的關鍵。如此不僅提高了工作效率，也保證了研究的質量。

商人們的「商業頭腦」，其實也大多是透過「清單思維」來進行策略規劃，他們可能會研究某個成功的案例，思考如何將這些方法應用到其他市場，並獲得相同的成功。

不論是服務、製作商品或料理，清單思維的系統化都能幫助你做出更好的決策。「清單思維」能使商人快速地應對市場變化，並在複雜多變的商業環境中找到最佳的行動路徑。

位於開曼群島的麗思卡爾頓（Ritz-Carlton）飯店便是極具代表性的例子，他們的服務方式與其他飯店不同：

① 當旅客詢問入住時間時，他們會告知具體時間，並詢問旅客是否會提前抵達，如有需要，會安排提前入住。

② 當旅客問是否有咖啡廳和餐廳時，他們會告知有，並提供營業時間，也會詢問是否需要查看菜單。

③ 當旅客告知自己遺落了東西時，他們會詢問是否需要幫忙寄送回去，甚至提供新的用品。

這些回應不僅滿足了旅客的基本需求，更多的是提供了額外的用心與服務。即使我沒看過他們的員工指導手冊，也能推測飯店肯定有一套非常周密的「執行清單」，以確保員工們都能按照該標準操作。而這些額外的用心，正是使該飯店長期獲得高評價和推薦的原因。

總而言之，有了專屬於自己的「執行清單」，便能將大腦從繁瑣的事務中解放，並將精力集中在更重要的事情上。這不僅能高度發揮「執行清單」的功用，更能將這些經驗內化為自己的知識和技能，讓我們在未來的挑戰中做出更明智也更有效的決策。

如同麗思卡爾頓飯店的例子，我建議你在搭建專屬於自己的「執行清單」項目時，要秉持著以下的觀念：

不僅要完成「基本需求（A）」，還要多方考慮「額外的需求（B）」，以及「未來可能帶來的需求（C）」，並試圖做出能完成A＋B＋C的清單。

現在，你已經知道該如何掌握並理解清單思維這一原則了。

子彈筆記

- 「執行清單」不僅幫助我們組織和完成基本需求，還能提升工作效率和質量，並協助我們在面對未完成的事務時保持專注。
- 班傑明．富蘭克林早在一七九一年就使用「執行清單」來規劃日常任務和自我約束，這種方法幫助他釐清自己的進度和所需時間。
- 從駕駛技巧、烹飪到大型活動策劃，「執行清單」都能有效保持事務秩序並提升效率，而「清單思維」在各種任務中能提供結構和指導。
- 「執行清單」就像是「外部記憶體」，不僅能提升效率，還能將經驗轉化為具體行動，將我們從繁瑣的事務中解放。
- 請注意，過度依賴「執行清單」可能會限制創造力和靈活性，並增加壓力。你需要平衡運用「執行清單」與靈活應變的能力，以應對不同挑戰。
- 商人和服務業者（如麗思卡爾頓飯店）利用「執行清單」確保服務標準和流程一致性，這類「清單思維」能加速適應市場變化並提高客戶滿意度。
- 專屬於自己的「執行清單」需同時考慮及達成A＋B＋C，意即：基本需求＋額外的需求＋未來可能帶來的需求。

「執行清單」就像是大腦的外部記憶體，幫助你有條不紊地專注於當前任務，並掌握全貌。

寫下專屬於你的高效能原則，
現在就開始執行吧！

Chapter 6

將重點濃縮成一頁

這一天，小女孩決定創造出一件宏偉的作品。她滿懷期待，開始尋找助手、準備工具，並在某處設下據點，展開了她的創作之旅。然而，無論她多麼努力地創作、修補、敲打、測量、鑽孔和扭轉，完成的作品都達不到她的理想狀態也不夠宏偉。

一次次的失敗讓她心生挫敗，她的寵物助手於是建議她出門好好地散散心。

她在散步的同時感到放鬆，因而冷靜地回顧起自己的每件作品及創作過程，有條有理地觀察與整理起自己的思路，並逐步分析過去做得不夠好的地方。

突然，她意識到每一次失敗都是寶貴的學習機會，並且重燃決心，投入製作。最終完成了一件她引以為傲的作品，並相當滿意地稱之為「最棒的東西」。

這個故事來自《最棒的東西》（*The Most Magnificent Thing*），它提醒我們在面對挑戰時，反思、回顧和整理思緒非常重要——從每次的經歷中學習與反思，才能在創造的過程中找到樂趣和意義，並完成最滿意的作品。

熱力學教授

如果你喜歡諾蘭那種充滿科學元素的科幻電影，那麼應該對「熱力學」這個詞不陌生。像《星際效應》或《奧本海默》，都巧妙地在電影中融入了科學定律，讓劇情既扣人心弦又讓你忍不住心想：「嗯，這真的有點厲害！」

熱力學第一定律其實很好理解，它講的是能量守恆——能量不會無緣無故消失或突然出現，而是可以轉換成不同的形式。比如，熱能可以變成動能，動能又能變成位能，就像一臺發動機的運作原理。當你在理解了這些概念後，再看科幻電影，你就會忍不住點頭說：「對，就是這麼回事！」

接下來就是更有趣的熱力學第二定律，講的是「熵」——這個詞聽起來有點抽象，但其實也很好理解。簡單來說，「熵」就是無序的程度。比如《天能》裡的時間逆轉，其實就跟「熵」有關。

這條定律告訴我們，隨著時間的推移，無序只會越來越多，而能量在轉換過程中也總會有損耗，無法達到百分之百的高效。這就像你無論怎麼維持房間整潔，它也總有一天會變亂，或像你學到的任何想法與創意，如果不花時間整理並遵循「濃縮成一頁」的原則，慢慢也會變得繁雜與混亂。

「或許混亂無可避免，但它並非無法逆轉，只要我們懂得轉化它。」

每次想起這些科學原理，我總會回憶起自己大學時學熱力學的經歷。那時候，我特別熱衷這門課，還花了不少時間整理筆記，最終居然把整個學期的內容濃縮成三頁的精華筆記！這些筆記不僅讓我徹底掌握了所有重點，還幫助我在期中與期末考試中輕鬆拿下A的成績，儘管很多同學都覺得這是最難的課。

當然，這些筆記不是隨便寫寫的，而是經過多次整理、刪減，最終才變得又簡潔又有效率。當時我只覺得這是個方便的學習方式，後來才發現，這種「把重點濃縮成幾頁」的技巧其實非常寶貴。

直到後來我成了教授，這種方法依然幫助了我的學生掌握知識，還提升了他們的批判性思維，甚至在工作中也非常實用。

因此，如果你還沒試過這樣的學習方法，真心推薦你試試看。它或許能幫助你更好地整理思路、抓住重點，提升學習效率！

CHEAT SHEET

我總是鼓勵我的學生們在考試時攜帶一頁筆記。根據我幾年的教學經驗，我發現這不僅能減少學生的考試壓力，還能促進他們的批判性思維。將龐大的學習內容濃縮到有限的空間中，迫使學生在理解後提煉出真正關鍵的資訊。這不僅是一種有效的學習策略，更是一種內化知識的重要方式。而其實這種筆記整理方式，是當時「熱力學」的教授所帶給我的啟發。

這位教授是普林斯頓和史丹佛的校友，第一次認識他時，我就覺得他非常聰明。多年後回想，我才明白他的聰明不僅止於知識的廣博，更在於他對學習和思維模式的獨到見解。

他允許我們在考試時攜帶一張A4大小的「Cheat Sheet」，我們可以在上面寫下任何自己覺得重要的內容。這種考試策略，鼓勵我們將大量的學習資料濃縮成一頁紙。而在此過程中，我們不只複習了知識，還加深了對它的理解，因為我們必須在有限的空間裡，挑選出最重要的部分。

這因此啟發了我一個重要的學習策略：「將重點濃縮成一頁。」這種方法不僅適用於學習，還可以應用在工作、演講，甚至是生活中的各種任務。

將重點濃縮成一頁

「把重點濃縮成一頁」的技巧不僅適用於學習，對於準備演講也特別有幫助。每次我在準備演講時，都會先把所有重點濃縮成一頁筆記，並配合心智圖來梳理思路。如此，不論演講的時長是幾小時，我都能輕鬆掌握和應對。

許多講師能將一整天的課程濃縮成幾頁筆記，這能讓他們在講課時輕鬆地把握重點；他們可以說是資訊濃縮的大師。然而，這其實也不是一項天賦，只要投入足夠的心力並理解背後的邏輯，每個人都可以做到。

那麼，該如何開始呢？首先，你需要徹底理解你所學的知識及其運作原理。唯有完全掌握這些原理，才能有效地將複雜的內容濃縮成幾個關鍵字、一張圖或簡單的專業名詞。如此不僅有助於記憶，還能在需要時迅速回憶起相關資訊，保持條理分明。

為什麼「理解原理」如此重要呢？許多人可能會認為，將所有的東西都寫下來是最簡單的做法。比如，上課時聽到什麼就寫什麼，讀書時看到什麼句子就抄進筆記裡。

實際上，這種方法很容易導致混亂。只是將所有的內容寫下來，往往會在遇到問題時感到困惑，尤其當情況有所變化時，這些資訊可能根本無法幫助你解決問題。

假設你家有一臺現代化的洗脫烘洗衣機突然壞掉了，在此情況下，如果你對它的運作原理有點了解，說不定便能馬上找到問題。完全不需要翻厚厚的說明書，就能自己排除問題。

我曾碰過類似的狀況。有一次，我家的滾筒式洗脫烘洗衣機突然罷工，完全無法運轉。我試著打開門，卻發現裡面積滿了水，門也打不開。當下我真是毫無頭緒，因為我根本不了解這臺機器的內部構造。想了半天，最後還是乖乖地打電話請專家來修。

技師在電話裡問了幾個問題，我也因此聽出問題點。他說，這種情況通常是排水系統出問題了。現代洗衣機不像老式的是靠重力將水排出去，而是依靠一個排水泵浦把水抽出來。如果泵浦故障，導致水排不出去，衣服當然也無法順利脫水。

聽他這麼一說，我還真學到了一些維修技巧。如果下次再遇到這種問題，便可以先試著啟動洗衣機，仔細聽聽看泵浦是否正在運作。如果運作的嗡嗡聲消失了，八成就是泵浦出了問題。

結果，我們家洗衣機的泵浦倒是沒壞。後來我冷靜想了一下，才想起可能是因為我在洗衣服前，沒注意口袋裡還有一些硬幣，估計是因為幾枚十元的硬幣卡在排水系統裡，才導致整臺機器當機。這下我算是學乖了，下次一定會先檢查好口袋再洗衣服！

「將重點濃縮成一頁，再配合理解原理」的觀念，不僅適用於洗衣機，也適用於許多日常機電設備。例如，當你啟動機車時，如果聽不到汽油泵浦的聲音，可能就無法順利發動（除非是電動車）。理解這些基本原理，便能幫助你快速找到解決方案。

就是這麼簡單

「掌握原理，比記憶細節更有力量。」

我還非常喜歡一個原理，就是煮飯的電鍋，比如我們常見的大同電鍋。電鍋的原理非常簡單，而這也解釋了它不容易壞的原因。

其工作原理是，當磁鐵的溫度超過103±2℃時，其中的感溫磁鋼控制器便會失去磁性，從而自動斷電並熄滅指示燈，使電加熱器停止工作。就是這麼簡單，因此這類煮飯的電鍋通常都不會壞，因為它使用的是磁鐵本身的特性，而非任何外在的電力版設計。

這個原理也適用於更複雜的學術領域。例如，熱力學中的「奧托循環[4]」描述了氣體在壓力、溫度、體積和熱量變化過程中的行為。這個過程乍看很複雜，但一旦你理解其中的邏輯，就能輕鬆將之簡化。對我來說，其原文「Otto Cycle」的發音讓我聯想到「Auto Cycle」，彷彿是一個自動運作的循環，因而非常容易記住。

下列我們將說明如何運用「將重點濃縮成一頁」的方法，幫助你有效地整理思路，使你更有條理地準備演講內容：

---

4 奧托循環（Otto Cycle）

汽車引擎的基本運作原理，分為四個步驟：壓縮、燃燒、膨脹和排氣。這一系列過程將燃料的化學能轉換為推動汽車前進的機械能。

① **確立核心理念**：每場演講都應有一個明確的核心思想（想傳達給觀眾的主要理念），無論內容多麼豐富，都要讓你的核心理念清晰地呈現，令聽眾開始代入。

② **運用具體的例子和故事**：抽象的概念最好透過真實與生動的故事呈現。故事能讓觀眾產生共鳴，更容易回想與理解你的重點，讓內容更有吸引力。

③ **引用理論與數據**：理論和數據能夠強化你的觀點，讓你的演講更具說服力。確保這些數據和理論能直接支持你的核心理念，並且簡潔明瞭，避免讓觀眾感到過於複雜。

④ **圖表與心智圖**：把複雜的內容可視化，透過圖表或心智圖來呈現，能讓觀眾更容易消化資訊。這種視覺輔助工具也能幫助你在演講中更加清晰地闡述你的論點。

⑤ **整合論點與結論**：將主要論點逐步引導到一個明確的結論，讓觀眾在聽完你的演講後能清楚地明白你的觀點。結構清晰的演講相當容易讓人留

下深刻印象。

⑥ **反覆練習與精簡準備**：演講時，練習是關鍵。不斷地練習與簡化，能幫助你在演講過程中保持條理清晰，並確保在有限的時間內把最重要的內容傳遞出去。

閱讀完這本書後，你或許可以將想到與學到的重點也濃縮成一頁，然後試著去和朋友們分享。

創意的誕生

創意通常是在我們學習和思考的過程中，慢慢浮現出來的靈感。當我們在吸收他人的知識後，經過自己的深思熟慮，這些靈感就會自然地出現。

建議你先以理解的心態來閱讀書籍，別急於反駁其中觀點。如此的開放態度能幫助你更全面地吸收知識，並激發更多靈感。

如果你對閱讀不太感興趣，也可以多聽演講或參加讀書討論會。有時候，與他人交流比單純閱讀書籍更能激發靈感。透過討論，我們能從不同的角度看待問題，並獲得新鮮的觀點。

在聽演講時，最好在心裡準備一些具建設性的問題，如此不僅能自己受益，也能讓整個交流更有價值。而在交流的過程中，專心傾聽便是關鍵——真正理解對方的想法，而非急著表達自己的意見，能幫助你更好地吸收和整理對方的觀點；雙向交流能激發更多創意，實現雙贏的效果。

另外，也要避免將所有的想法混在一起，尤其要區分事務和情感。如果不加篩選地混合各種思路，勢必會讓你的思考變得混亂。學會梳理出核心線索，把不相關的部分，特別是情感和實際行動分開來看，能讓你的思維更清晰、更有條理，從而更有效地解決問題。

保持清晰的思維能讓我們在學習時更高效，做決策時也能更果斷。如此才能夠從容地應對各種挑戰，並在每個關鍵時刻做出最佳選擇。

創意的誕生，就是透過有條理的思考和深入反思，讓我們將想法精煉成簡單且有力的觀念。如此不僅能讓創意更加閃耀，還能在面對複雜問題時增強自信。

這種思維訓練對設計或創作非常有幫助，也是解決問題與提升自我能力的祕訣。它教會我們如何在複雜的世界中找到簡單且有效的解決方案，並在每個挑戰中保持敏銳的洞察力和創造力。

還記得我在日本擔任客座教授的經驗嗎？這可以幫助你理解為什麼制定「執行清單」很重要，也能讓你明白為什麼有些團隊會因過於依賴清單而失去創意。

接下來，我也要建議你不要凡事都按部就班。用最簡單的方法解決問題不一定是最佳選擇，你需要試圖發揮創意。試著思考如何創造多種選擇，而非僅依賴一種方法。

當你從零到一地建置好一個「最小可行方案」後，下一步不單是要改善它，也要尋找不同的方法，直到找到最適合你的方式。

或許你聽過李小龍的名言：「我不害怕曾經練過一萬種踢法的人，但我害怕一種踢法練過一萬次的人。」但我覺得在此前提下，這一招還必須是最有效且最適合你的，同時你還得確保這一招不會被對手破解。在現在這個時代，這一點確實很難做到。

例如，優秀的運動員經常會被對手分析並制定對戰策略，今天有效的招數，到明天可能就沒用了。因此，除了專精於一種踢法，我認為積極掌握更多技術含量高的新技法也很有必要。

當你掌握更多的「最小可行方案」，才能更靈活地適應各種變化。也因此，你完全不必害怕只會一招的人，而應該敬畏那些永遠學習，以及懂得創造新招術的人。

最後，我發現很多學生或聽眾經常在交流中保持沉默，但其實這對所有人的學習相當不利。因此，我想再跟你分享一些提問的技巧，以幫助你獲得更多：

① **開放性問題**：避免提出答案為「是」或「否」的問題，試著提出需要詳細回答的問題。例如，試著提出：「這個方案有哪些潛在挑戰？」而不是：「這個

方案是否有挑戰？」

②**探索原因**：當在討論某個觀點時，提出類似「為什麼這個方法有效」或「背後的原因為何」等問題。

③**尋求例證**：要求講者提供實際例子或案例以支持他們的觀點，像是：「有沒有類似的成功案例可以分享？」

④**比較與對比**：可以提問：「這個方案和其他方案有什麼區別？」這能幫助你了解不同選擇的優劣。

⑤**未來展望**：詢問：「如果這個方案成功，會有什麼後續發展？」或者：「這個創意未來可能帶來什麼影響？」

透過這些提問技巧，可以更深入地了解別人的觀點，並激發彼此更多的創意。同時也能避免像我在日本所看到的那般，因為過度重視單一流程與方案，而失去變通與創新的能力。

兩房的難題

「知識越簡越明晰。」

讓我們思考一個有趣的小謎題。

想像一下，在你面前有兩個房間。一間房間裡有三顆燈泡，而另一間房間裡有三個開關，這些開關分別控制著另一個房間裡的燈泡。規則是：你只能進每個房間一次，且兩個房間互相看不到。你要在此條件下，判斷出每個開關對應哪顆燈泡。

聽起來有點棘手，對吧？如果你被這個問題卡住了，提供一個提示：這個問題跟「熱力學」有關。

通常人們想破解這類難題時，會陷入各種天馬行空的想法，像是設計某種通訊裝置，或是發明高科技工具。就像某個著名的笑話：「如何在無重力的太空裡設計一支能寫字的筆？其實最簡單的解決方法就是用鉛筆！」

那麼，這兩個房間的燈泡和開關難題該怎麼解呢？答案其實非常簡單，就是「熱」。

你可以先走進有開關的房間，打開其中兩個開關，讓兩顆燈泡亮著，等大概一到兩分鐘，讓這兩顆燈泡有足夠時間加熱。接著，關掉其中一個開關，然後離開房間，前往有燈泡的房間。

這時，情況會是這樣的：亮著的燈泡對應的便是你現在還開著的那個開關。而你可以摸一下兩顆熄掉的燈泡，你會發現其中一顆燈泡還擁有溫度。

有溫度的就是被你打開過又關掉的燈泡，而至於最後一顆冷的燈泡，當然就是那個你沒碰過開關的燈泡。

子彈筆記

- 理論不會憑空出現，就像能量守恆一般，雜亂的筆記也是如此。請將大量的資訊濃縮成一頁，從無序中找到重點，甚至形成自己的理論。將龐大的內容濃縮進一頁能幫助你掌握原理，還能提高你的記憶效率。
- 掌握原理比記住每個細節重要，如此當問題出現時，就能快速找到解決方法。例如，知道洗衣機或電鍋的基本運作原理，就能更容易排除故障。
- 簡潔的筆記或心智圖等筆記工具，可以幫助你抓住每個主題的重點。
- 創意來自深入的思考和學習。透過有條理的思路整理想法，能讓你更有效地解決問題。
- 保持多角度思考與靈活，避免局限於單一的解決方法。
- 簡單的方法有時最有效，像是透過摸燈泡的溫度或聽泵浦的聲音發現問題。當事情變得複雜時，提醒自己不要忘了嘗試探索更有效的解決方式。

寫下專屬於你的高效能原則，
現在就開始執行吧！

「知識越簡越明晰。
掌握原理，比記憶細節更有力量。」

打造未來版圖。

擺脫短期誘惑，專注長期積累，命運只犒賞持續學習的人。

Chapter 7

虛構故事／有故事的日記

從前有一名陶匠，他每天都會帶著他的幾隻驢子一起工作。他會在早上取土後，回家開始製作陶器。他習慣在回程的半路上將驢子們綁在樹幹旁，再自己走到隔壁的樹下小憩。

有一天，他發現其中一隻驢子身上的繩索不見了。於是，他便將無法被綁住的驢子帶到他平常休息的樹下。無奈那隻驢子實在太吵，導致他無法好好休息。

路過的村民對陶匠提出建議：「雖然你沒有繩索，但你仍然可以假裝把那隻驢子綁在樹旁。」陶匠照做後，自己回到樹下安靜地睡著了。

等他醒來後，他一一解開那些被繩索綁住的驢子們，並督促他們移動，但那隻他假裝綁住的驢子卻一動也不動。這時，那位村民再次路過，建議他：「你應該假裝解開那隻驢子的繩索。」陶匠照做了，而那隻驢子也終於動了起來。

這個有趣的故事來自《習慣的力量》（*The Power of Habit*）。聽完這個故事，你是否也獲得一些啟發？習慣的影響無處不在，而上述正是「虛構故事」的魅力所在，能讓我們在享受故事的同時，體會到更深的道理。

虛構故事

你還記得自己第一次接觸「虛構故事」這個詞是何時嗎？是在小學時，還是更早的時候？老實說，我自己也不太記得具體的時間，但確實有一段特別深刻的記憶。那是我在美國念高中時，學習英國文學的經歷。

當時我們花了大量的時間研讀莎士比亞的劇作，而這讓我開始思考「虛構故事」的意義。如果不理解這個概念，可能會對學習這些看似遙遠的劇本感到迷惑，覺得它們與日常生活毫無關聯。然而，當我掌握了「虛構故事」的概念後，這些劇本便開始展現它們的魅力。

每部莎士比亞的作品都有明確的情節、鮮明的角色（無論是正派或反派）、場景，以及引人入勝的高潮。雖然劇情是虛構的，但其所展現的情感和人性卻極為真實，彷彿這些故事真的曾經發生過。而這或許就是莎士比亞的作品能歷經四百多年的歷史考驗，成為經典的原因。

莎士比亞的作品揭示了虛構故事如何影響人類文學與社會思想的演進，其創作聚焦於人性、社會衝突及權力關係的深入探索。莎士比亞的作品之所以能夠長久流傳，有幾個關鍵因素：

①無論是對十六世紀的觀眾或現代讀者，莎士比亞的劇作都能引發共鳴。他探討的情感和道德議題超越時代和文化，這些主題永恆存在。

②莎士比亞的作品被改編成各種形式，如戲劇、電影或歌劇，不僅《羅密歐與茱麗葉》被改編成《西城故事》，《哈姆雷特》和《馬克白》也多次被搬上銀幕。我曾在紐約觀看過一場以《馬克白》為主題的沉浸式戲劇《Sleep No More》，過程中讓每位觀眾自由地探索劇情，體驗劇作的多樣性。

③莎士比亞的作品是全球文學教育中的重要一環，幾乎每位學習英語文學的學生都會接觸到他的劇作，而這也使他的影響力得以延續和擴展。

除了學習莎士比亞的劇本，我在哈拉瑞（Yuval Harari）的《人類大歷史》中對「虛構故事」也有了更深的理解。哈拉瑞指出，「虛構故事」不僅存在於文學中，還深植於我們的文化、社會結構和集體信仰之中。

儘管這些「虛構故事」不是真實的，但它們對人類文明的發展卻有著不可忽視的影響。以下是幾個「虛構故事」在文化和社會中深刻影響的範疇：

① 許多宗教中的神話與神祇雖缺乏科學證據，卻深深影響了人類行為與社會規範。

② 國家和民族的概念是人類集體創造的虛構體系，透過共識和集體認同而存在。

③ 貨幣本身並無內在價值，卻依靠人們對它的信任，在經濟體系中扮演著重要角色。

④ 法律與權利的規範系統同樣是人類創造的虛構概念，這些系統根植於社會共識中，指導並約束著我們的行為。

這些「虛構故事」的存在，使得人類能夠組織起複雜的社會結構，並透過合作推動文明的發展與進步。但我想說的是，多數的「虛構故事」其實是建立在真實的故事上，也就是我接下來要說的「有故事的日記」。

八大行星的故事

「虛構故事」的應用範圍其實超乎想像，它不僅僅影響人類文明的進程，也能輕鬆地融入我們的日常生活。比如，當我們面對需要記憶的複雜事物時，就透過「虛構故事」的力量使一切變得簡單且有趣，輕而易舉地掌握。

接下來，我將以八大行星的順序為例，創造一個富有想像力的故事，以幫助你輕鬆地記住這些星體。這是我教小朋友們記憶八大行星的一個有趣方法，我也常在演講場合透過這個故事來幫助記憶，效果非常顯著。

讓我帶你一起進入這個虛構世界，請試著讓自己成為故事的主角。

故事是這樣的：

在炎熱的某天，你抬頭看到大大的太陽——「太陽」即象徵著「太陽系」。

因為實在太熱了，所以你決定到游泳池好好地涼快一下——游泳池的「水」象徵第一顆行星「水星」。

你在游泳時發現池底有閃閃發亮的黃金，因而好奇地潛下去調查——「黃金」象徵著「金星」。

你發現黃金是從池底的裂縫中冒出，因而游進裂縫後發現一顆藍色星球——「藍色星球」就是「地球」。

在這顆藍色星球上，你看到有大面積的火焰正在燃燒——「火焰」便是「火星」。

仔細一看，火焰的源頭是正在燃燒的樹木——「樹木」便象徵著「木星」。

而這些樹木當然都扎根在土壤中——「土壤」則代表「土星」。

你試著拯救一些尚未燃燒的樹木，於是便將它們拔起，往天空丟——「天空」即象徵著「天王星」。

這些樹木被拋向天空後，卻又因為地心引力而掉回藍色星球，落進海中——

「海」便象徵著「海王星」。

透過這個虛構的小故事，你是不是已經不知不覺地記住八大行星的順序[5]了呢？如果你沒能記住，請試著重複想像一下整段小故事的經過，你一定就會記起來了。當你掌握「虛構故事」的力量，你會發現任何知識都變得易於記憶。無論是小朋友或大人，這種方法都能讓學習變得輕鬆且有趣。

虛構故事／真實故事

有一次，我帶著孩子們去參加學生們的聚會。我們邊吃酸菜魚邊聊天，而孩子們看到大哥哥、大姐姐們都很開心，因此興奮地跑來跑去。現場的所有人也都開始打鬧，玩得非常開心。

當時我看到孩子們玩得越來越激動，也注意到學生們有點快要應付不過來，因此突然想到，不如就讓孩子們將我教

---

5 八大行星

也可以試著唸出這句英文「My Very Educated Mother Just Served Us Nine Pizzas.」其對應的是：水星（Mercury）、金星（Venus）、地球（Earth）、火星（Mars）、木星（Jupiter）、土星（Saturn）、天王星（Uranus）、海王星（Neptune）、冥王星（Pluto）。其中，Pluto（冥王星）已被降級為矮行星。

他們記住八大行星順序的故事，分享給學生們吧！如此既能讓小朋友安靜下來，也能讓大家一起參與這個又有趣又有教育意義的遊戲。

沒想到，當孩子們開始認真講解這個記憶故事時，氣氛反倒變得比一開始更熱鬧了；說故事就是有著這樣的魔力，不僅能讓講故事的人投入其中，也能讓聽故事的人專心聆聽。

八大行星的小故事引發了不少討論，而過程中比較有趣的是，孩子們突然開始拉著我的學生們說要比賽，看看誰能最快背出八大行星的順序。

這時候學生們也開始分享自己的記憶方法，像是快速唸過行星順序，然後再重複念幾次。雖然這種快速唸的記憶方法有時不夠牢固，可能幾天後就會忘記，但比賽過程卻充滿了歡樂氣氛，也確實是唸得比較快就是了。

這次的經歷不僅讓孩子們和學生們的關係變得更親近，也讓學習變得更有趣。那天的歡樂時光成了我「有故事的日記」的一部分。

因此，下次如果你需要記住一些複雜的東西，不妨試試編一個屬於自己的虛構故事吧！剛開始可能會覺得有點難，但只要給自己一些時間練習，你會發現這個方法既簡單又實用，而且還能讓學習變得充滿樂趣。

羅斯基勒音樂節

有一次聚餐，我和一位來自歐洲的朋友閒聊。當時隨口問了他一句：「你有沒有過從一座城市移動到另一座遙遠城市，卻沒花一毛錢的經驗？」

原本以為這只是個隨便的問題，沒想到他很淡定地回答：「在歐洲，這其實挺常見的！」他於是跟我分享了一個特別有趣的故事。

念大學的時候，他和幾位朋友相約從瑞典的斯德哥爾摩出發，打算前往丹麥的羅斯基勒參加當地一年一度的音樂節（Roskilde Festival）。有趣的是，他的整趟旅程沒花到半毛錢。

我腦中馬上浮現電影裡常見的「搭便車」畫面，於是好奇地問他：「你們是一路豎著大拇指在路邊攔車嗎？」他得意地笑著說：「才沒那麼簡單。我們可不是隨便在路邊攔車，這種方法根本不實際。」

我覺得他說得有點道理。畢竟以現在的社會環境，治安問題可不能忽視，特別是在陌生的地方。

他接著解釋：「真正務實的方法是，我們先去了卡車貨運的轉運站。」

「轉運站？」我有些驚訝，這個辦法還真沒想過。

他繼續說，他們先是到達了斯德哥爾摩的卡車轉運樞紐，在那裡尋找開往丹麥的卡車。他們的運氣不錯，還真的找到一輛準備前往丹麥的卡車，而司機也很熱心，願意載他們一程。

唯一的問題是，卡車的空間有限，只能帶一個人。最後，我的這位朋友成功搭上了那輛卡車，沿途經過了赫爾辛堡、馬爾默、哥本哈根，以及幾個轉運站，最終順利地抵達了羅斯基勒。他一路上還跟不少卡車司機聊天，交到了不少新朋友，使這趟旅程變得比預期中更有趣。

而他的另一位朋友就沒那麼幸運了，始終都沒能搭上前往丹麥的車。眼看音樂節就快開始了，情急之下，他選擇搭乘一輛前往機場的卡車，在機場乖乖掏錢買了張機票，飛到目的地。

聽到這裡，我忍不住笑出聲來。朋友接著說：「他一開始還挺自信的，以為自己也能像我一樣免費搭車過去，結果只能老老實實地花錢飛過去。」

這故事挺有趣吧？沒想到，到達一個目的地的方式可以如此靈活。許多時候，不用按照常理出牌，最終也能順利達成目標。

有故事的日記

寫故事有個超棒的好處，就是能把你今天經歷的事情帶到未來，讓未來的自己重溫這些回憶。多數人都懂得如何記下日常生活，但如果不說故事，這些日記就可能變成有點無趣又沒溫度的流水帳。

最好的方法，就是把「故事」融入你的日記。如此，無論再小的事情都能變得有趣且有情節，回頭再看時，便不只是在檢視過去，更像是在翻一本屬於自己的故事書。

我因此時常鼓勵學生們，不僅要記錄自己學到的東西，更要將其用故事串聯起來。這樣的日記不只是一種回憶的方式，也是記錄成長的過程。

曾有一次課堂上，一位學生突然提到：「老師，我發現很多小說裡的主角都會寫日記！」我笑著回答：「那是因為每個人都是自己故事裡的主角啊！所以，你為什麼不開始寫下屬於自己的故事呢？」

其實，寫日記不只是為了現在的自己，也是為了未來的你。日記就像是一種和未來對話的方式，能將今天的自己帶進未來，也能把未來的自己拉回過去。

比如說，你今天遇到了一件讓你開心的事，如果只是寫下「今天很開心，因為被老師誇獎了」，未來讀起來可能有點平淡。不如換個方式記錄呢？

你可以寫成：「今天開會時，老師問了一個很難的問題。於是，整個空間都變得靜悄悄的，同學們彼此對視，都有點不知所措。就在這時候，我深吸了一口氣，克服了內心的緊張與不安後，決定舉手分享自己的見解。我一開始還擔心自己的回答不夠好。結果老師不僅表揚了我，還請大家為我鼓掌。那個當下，我真是無比崇拜我自己。」

如此不僅生動好笑，還能讓你記得當時的具體問題以及你克服困難的感覺。未來的你再讀這段話時，可能也會為當時的自己感到驕傲。

我也很鼓勵研究生們記錄他們在研究所的經歷。兩年的研究所生活，是全身心投入學術的時光，不只有學術上的突破，還有很多成長的故事。把這些寫下來，未來的你會感激自己記錄了這段特殊的時光。

其實不只是寫日記，在跟朋友聊天時，哪怕只記下幾個關鍵字，也能在之後回顧這些對話的價值。如果你能用故事的形式記錄下來，那就更有趣了！

就從今天開始吧！無論是拿起筆，還是打開手機備忘錄，開始記下今天發生在你身上的所有故事。現在看似平凡的點滴，未來再看都會是一筆珍貴的回憶。未來的你，會感謝現在的你，因為這不只是記錄今天，還是在見證你的成長。

用故事的方法寫日記的建議：

①回想今天發生最有記憶點的事情，先寫下關鍵字。
②回想發生的當下有哪些人物，像閱讀莎士比亞劇本一般去思考正反派是誰，以及故事裡的高潮與挑戰為何。
③加入自己內心的情感，以及想對自己說的話。
④補充一些人事物的細節，像是氣氛、天氣、聲音、人物的動作和表情等。

紙與筆的神奇之處

「深度思考」這個詞如今隨處可見，無論在書籍或課程裡，都在討論如何進行更深入的思考。就像麥肯錫的金字塔思維法，以及波士頓諮詢公司所提供的各種思考框架，這些方法主要都在教我們如何有系統地拆解問題、分析資訊，以做出更明智的決策。

其中有一個很有名的概念叫「MECE原則」，意思是「相互獨立，完全窮盡」。簡單來說，就是把問題分成不重疊、卻又能涵蓋所有可能情況的部分，讓思考更有條理。比如當問題出現時，我們可以先去實地觀察，歸納出可能的原因，接著再進行分析。

不過說到實用性，我個人認為最簡單、最有效的工具始終是——紙和筆。為什麼紙和筆會是深度思考的利器呢？

在我們的教育背景中，經常強調心算能力，讓我們從小就習慣用腦快速處理數字和資訊。心算雖然能應付某些情境，但在幫助我們深度思考這件事上，其實有所局限。心算要求我們在短時間內處理大量資訊，因而很容易使思路混亂，甚至忽略一些重要細節。

相反地，當你拿起紙筆，將腦中的想法、問題，或者模糊的概念逐條寫下時，就能強迫自己慢下來，讓那些混亂的想法變得清晰且有條理。不論你是在處理一項複雜的工作，還是在解決個人問題，手寫記錄總能幫助你更清楚地看到事情的全貌。

假設今天你面臨一個項目失敗的問題，如果你只是在腦子裡反覆地想，可能會越想越煩也越想越複雜。但當你拿出紙筆，把問題分開來寫，可能就不一樣了。你可以先寫下「失敗的原因」，再列出每個原因的細節，進一步分析有沒有解決的辦法。隨著你抽絲剝繭，可能會發現一些自己忽略的細節，或發現有些假設根本是錯的。

「深度思考」其實就是一種系統化的思考過程，需要有條理地進行。畢竟，我們無法用腦記住所有的資訊，尤其當問題越來越複雜時，更容易忘記或混淆細節。寫下來不僅能讓你的想法更具體，也讓你有機會回頭檢查每個步驟的完整性。

當你把問題寫下來之後，你會更清楚地看到事情的全貌，並理解其中的細節，也能發現還有哪些地方需要進一步思考或補充。

另外還有一個很重要的觀念：我們的成長和進步往往是依靠負回饋來達成，意思是，只有清楚看到自己做錯的地方，並思考如何改進，才能真正進步。現在，你已經知道該如何掌握並理解清單思維這一原則了。「一日三省」，便是要我們每天回顧並正視自己做過的事，找到可以改進的地方。

發現錯誤，你才有機會去改善。如果能將這些概念融入自己的日常生活，你的進步必然會非常快。

留下重點

我們很幸運，現代社會有各式各樣的講座能讓我們學習和成長。尤其對學生來說，能參加講座是很寶貴的機會，應該好好利用。

當然，我得承認有些講座確實不那麼吸引人，在此情況下，我建議隨身攜帶一本筆記本。如果講座內容比較無聊，你可以像我一樣翻閱以前的筆記，重新檢視和調整自己的思路。

但如果講座內容非常精采，我就會立刻記下最核心的重點，還有講者呈現內容的方式。這不僅能幫助我更好地吸收資訊，也能加深日後回顧時的印象。

我自己在教課時，不太喜歡學生直接用手機拍下黑板上的內容或者ＰＰＴ的簡報頁。雖然我理解有些同學想完整記錄所有內容，但拍照記錄的效果往往不理想，因為真正好的記錄不在於數量，而在於質量。最有效的方式還是自己內化後，用文字提煉出來的精華。

舉例來說，幾年前我曾聽過一場關於機率的講座。當時的教授非常有趣，他以三國時代「草船借箭」的故事為例，來解釋機率的概念。而這也讓我對這個熟悉的故事有了全新的理解。

教授提問：「你能保證當晚會起霧嗎？如果沒有霧，派出去的船隻很可能會被敵人發現，甚至被一網打盡。」這讓我開始思考，原來諸葛亮的計策背後充滿了風險和不確定性。

接著他又說：「如果當晚不是曹操親自指揮，而是換成另一位疑心病不重的將領，那結果又會是如何？諸葛亮的計策還會成功嗎？」這提醒了我們，成功的策略也往往仰賴著對方的心理狀態和特定條件。

最後他還提到：「你怎麼能確定曹操的部隊裡有足夠的箭？」我因此深刻地理解，「草船借箭」的故事其實存在很多變數，每一個環節都有可能影響結果。這些問

生活是一
熱情的遊
吳家德

題促使我從機率的角度，重新審視這個故事。

我當時也反思：「假設起霧的機率是百分之七十五，我還敢冒險嗎？而且每個環節的成功率如果相乘，最終的成功機率只會越來越低。所以，成功率要多高才值得行動？」我相信藝高人膽大的諸葛孔明可能已經準備好了替代方案，只是當時未曾用到。

那場講座讓我興奮地記下了這些內容，因為我從未想過可以用機率的角度來理解三國故事，這樣的視角確實令人耳目一新。

其實，聽講座最重要的不是記住每個細節，而是將那些真正觸動你的觀點記錄下來，並透過自己的理解消化和反思。如此，在日後回顧筆記時，就會發現這些內容不再是單純無聊的複述，而是經過自己思考與沉澱後的精華。

這就是「有故事的日記」真正的價值所在，同時也能讓學習變得更加有趣和有意義。希望你能和我一樣，從自己的筆記中獲得更多以及更深層的啟發。

子彈筆記

- 虛構故事不僅是文學的一部分，其實它早已融入了我們的文化和社會，影響著宗教、國家、貨幣等各種制度。透過故事的敘述，我們將更容易記住複雜的知識，比如八大行星的順序，同時能讓學習變得更有趣，也更有效。
- 不管是虛構還是真實的故事，當我們把生活中的經歷轉換成故事，透過想像不同的場景和角色，記憶會變得更深刻。
- 生活中的各種點滴和感受都能變有故事的日記，使原本平凡的日常變得更有情感和趣味，還能讓未來的自己重溫當時的心情和經歷，看到自己的成長。
- 遇到複雜問題時，拿起紙筆有助於我們理清思路、幫助思考。首先該做的事是把問題具體地寫下來。
- 參加講座時，最好的學習方式不是簡單地記錄所有細節，而是用自己的語言內化重點內容。將講者提供的資訊連結上自己，才能把這些資訊真正轉化成有價值的知識。
- 有故事的日記不只是單純記錄今天發生了什麼，而是和未來的自己對話。

寫下專屬於你的高效能原則，
現在就開始執行吧！

「用故事的方法寫日記，就像是在和未來對話，
能將現在的自己帶進未來，將未來的自己拉回過去。」

Chapter 8

命運只犒賞持續學習的人

有一天，一隻狐狸在森林裡發現了一串又大又漂亮的葡萄，高掛在樹枝上。這些飽滿多汁的葡萄讓狐狸看得口水直流，心想：「這就是我夢寐以求的葡萄大餐！」狐狸於是奮力地跳起來，試圖咬到葡萄。然而，這些葡萄實在掛得太高了。

狐狸決定退後幾步，助跑後再跳，卻也還是咬不著。不甘心的他一次次地嘗試，卻全都失敗了。喘吁吁的狐狸坐在地上瞪著那些葡萄，心裡又氣又沮喪，最後他告訴自己：「這些葡萄肯定是酸的！」便無所謂地轉身離開了。

這個故事出自《狐狸與葡萄》（*The Fox and the Grapes*），提醒我們面對難以達成的目標時，不要固執於已造成重複錯誤的方法，卻不懂得思考與變通。

學習的過程也是如此，途中難免會遇到令人想放棄的難題，但這些挑戰正是讓我們進步的必經之路。而能意識到以前的不足，正是自己逐漸變聰明的證明。總會有人告訴你「學習不重要」，但這個說法多數只是「為了便宜行事的藉口」，毫無建設性。

事實上，在學習中投入的時間和努力會逐漸累積，最終在未來為你帶來回報；「厚積薄發」正是這一道理的體現。

持續學習不僅是追求成長，更是汲取智慧、磨練能力以及培養自信的重要途徑。積累這樣的過程能使我們從容且勇敢地面對未來的各種挑戰——命運只犒賞持續學習的人。

進步穩中求

「沒有經歷過壓力的淬煉，那樣的成長與進步是危險的。」

美國心理學家格賽爾（Arnold Gesell）曾分享過一個經典的心理實驗，叫做「爬樓梯試驗」。實驗對象是一對四十八週大的同卵雙胞胎，選擇雙胞胎的主要原因是希望能盡量讓實驗對象的客觀條件一致，像是相同的家庭、教育環境、身高、體重與健康情形等。

該實驗不僅測試了爬樓梯，也讓雙胞胎參與了其他活動，例如玩球、玩積木與記憶數字等。在實驗中，格賽爾讓哥哥每天進行大約十五分鐘的爬樓梯訓練，四十八週大的孩子剛能站穩，要爬樓梯可說是非常艱辛。

經過六週的練習（雙胞胎皆滿五十四週）時，哥哥終於成功靠自己的力量爬上樓梯。而針對弟弟，格賽爾選擇在他走路姿勢更穩定、腿部肌肉發育得更完整的五十二週時，才讓他開始練習。

早就看著哥哥練習好幾週的弟弟，心裡早已迫不及待地想挑戰，到了五十四週，弟弟也成功爬上了樓梯，速度甚至比哥哥更快，整體表現也更優秀。格賽爾因此發現，等到發育更成熟後再開始訓練的孩子，其學習速度反而更快，甚至還能超過那些較早開始訓練的孩子。

然而，這個實驗讓我感觸較深的是，儘管弟弟看似表現得更好，我卻覺得哥哥未來的成長潛力可能更強大。為什麼我會這樣認為呢？因為哥哥從一開始就經歷了更多的挑戰和困難，而這些磨練都將成為他面對問題的寶貴經驗。

只要他在訓練的過程中獲得正面的回饋和鼓勵，並保持成長型心態，這些早期的挑戰就能讓他更有能力在未來克服困難。這正是一種深刻且源自於「反脆弱」的概念，讓我們能夠從失敗中崛起，汲取成長的力量，並激發出意想不到的超能力。

學習從來不是誰先開始就會贏，真正的關鍵是要在穩定中慢慢進步。如果學得太急，反而容易忽略一些重要的細節。卡關或遇到瓶頸其實是正常的，只要我們能以正面的態度去看待，這些困難都會是幫助我們成長的契機。

我想藉由這個實驗提醒你，完全不必急著和別人比較，或因為覺得自己學得不夠快而感到焦慮。每個人都有屬於自己的步調。真正重要的是，你是否學習到了，你是否不再害怕挑戰了。

在學習的過程中慢慢來沒關係，只要保持穩定，敢於接受失敗，每個人都能變得越來越強大。

在穩定中尋求進步，才是實現持久成功的真正所在。我們必須提升理解與認知的能力，相信自己能夠學習和成長，才能在下一次挑戰來臨時不再畏懼。

唯有經歷過挑戰的人，才能在未來走得更穩也更遠。

底層靈感

嘗試以下簡單的圖像思考練習，即可幫助你快速理解這個過程。

當你想到一個創意點子時，拿張紙，在中間寫下它。然後，在左邊空白處寫下：「為什麼我會有這個創意點子？」並試著往回推三步，像剝洋蔥一樣，一層層找到靈感的來源。這種逆向思維有助於揭示靈感的本質，讓你更清楚該創意點子的出發點。

假設你想設計一款以八大行星為主題的遊戲，你就可以問自己：「為什麼是行星？」或許是因為你最近觀察了夜空，或是讀了一本與太空相關的小說。再往回一步，也可能是聽了SpaceX執行長馬斯克說：「人類在二十年內可以在火星上建立自給自足的城市。」因為這段話而激發了你的聯想。

以遊戲設計師為例，他們除了在辦公室裡思考，還會積極接觸外界的刺激。這不僅限於玩遊戲，還包括去遊樂園或參加各類活動，他們會去感受生活中的快樂、挑戰或甚至失敗。而這些經歷會無意間存留在他們的腦海中，在需要構思創意點子時被喚醒，使靈感自然浮現。

同樣地，你也可以在右邊的空白處思考該創意點子的效果，並推測它的未來發展。作為創意延伸——當這個想法實現時，它會如何影響使用者？會激發什麼情感或樂趣？可能帶來哪些更深遠的變化？

厲害的設計師，不管在哪個領域，都會試圖追溯每一個創意或想法的來源。他

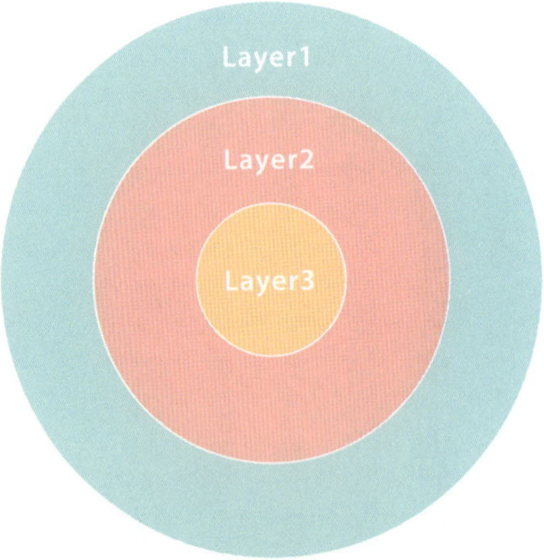

Layer1

為什麼會有這個創意點子？

Layer2

這個點子從何而來？
它背後的邏輯或情感是什麼？

Layer3

靈感與創意中心

們不會僅滿足於靈感的表面，而是會深入思考：「這個點子從何而來？它背後的邏輯或情感是什麼？」

你既要回溯靈感的來源，也要預測它的效果。

透過向前與向後的探討，不僅能幫助你更深入地理解自己的創意，還能讓它更加成熟、有深度。無論你是設計師還是其他創意工作者，掌握這種來回推進的技巧，可以幫助你精準抓住創意的核心。

在捕捉創意的同時，請反覆地追問自己：「為什麼我會想到這個？這個靈感的根源是什麼？它能應用在哪裡？會帶來什麼效果？」

這種向前與向後的探詢能幫助你挖掘靈感的來源，還能預見其未來影響，從而創造出具有你自己靈魂的獨特作品。

專注將一件事做好

「不要忘記，我們的專注力是很容易被分散的。不要輕易地被分散掉。」

有一次，我和學生們聚會聊天時，一位同學忽然提出一個問題：「老師，我們是不是應該多方發展興趣，什麼都盡量去嘗試看看？」

我解釋說：「如果你希望真正突破現有的水平，不只是原地踏步或淺嘗輒止，那就必須專注於一個興趣。當你進入到下一個層次，接觸到更高階的人脈與資源時，成長的速度才會加快，也才有機會邁向卓越。多方嘗試或許很有趣，但經常待在新手村裡很難進步。」

「真正的成長來自於對更深層知識和經驗的積累。」

我仔細看了看學生專注的神情，接著說：「每個人的時間都是有限的。當你什麼都想試，什麼都想學，結果可能會是什麼都做不好，其實很可惜。選擇一個方向深耕後，就會隨著時間的累積，發現自己越來越有價值，最終也能在該領域成為一個人物。」

學生認真聽著，點點頭，然後說：「謝謝老師，我覺得我懂了。將一件事情做好比什麼都去嘗試更重要！」

我這麼建議是因為當你專注於一個興趣並深入研究時，你會發現自己需要投入很多時間和精力。在這個過程中，你會遇到不少挑戰，必須努力去克服它們，只有這樣才能真正提升自己的深度和專業度。

「最怕的就是那種什麼都想做，什麼都有興趣，結果卻都只能半途而廢。成長的過程會需要耐心，也難免會有些枯燥。最終，你會慢慢感受到自己的成長，也會發現該領域裡更多有趣的細節，而這是那些多方嘗試且淺嘗輒止的人，永遠無法體驗的。」

「加油吧！」我對同學說，「找到那個讓你真正熱愛的東西，然後專注地去做。專注能帶來深度，而深度則能創造價值。」

這段話不只適用於學生，對於任何階段的人都同樣重要。

無論是職場新人或正在尋找方向的人，都可以從這個觀念中受益。當你開始專注並投入時間到一個你真正熱愛的領域，這份專注就會逐漸轉化為你最強大的實力以及高度，也會讓你在人生的旅途中看見更遼闊的風景。

回想那場與學生的對話讓我想著，如今這個時代充斥著大量的資訊和選擇，讓很多人感到迷茫。每當看到新的機會或潮流，總會有種想要去嘗試的衝動，但這種四處碰撞的做法往往容易使人失去焦點。

成功不是來自於表面上的多樣化，而是來自於深度的專精。事實上，隨著專業能力提升，你會發現自己開始接觸到越來越多經驗豐富且能力卓越的人，而這些人也很有可能成為你成長道路上的重要夥伴。

無論你現在處在哪個階段，請記住：「專注將一件事情做好，才是通往成功的真正捷徑。」

ME TIME

曾有一天，我跟一位同事聚餐時，好奇地問他：「為什麼你行事曆上的週一上午都被劃掉了？」

他想了一下回答我說：「其實，那段時間是我保留給自己的。週一早上是我替自己保留的重要時間。」

聽他這麼一說，我才意識到，原來還可以在行事曆上Book專屬於自己的時間。確實，或許我們沒有意識到，但專屬於我們自己的「個人時間」是非常重要的。

「導致自己沒有時間只有一個可能——你沒有為自己保留時間。」

我在開始從事教職之前在外商公司工作過，我很喜歡當時公司內的工作氛圍，尤其是組織與發起開會的方式——在公司裡的每個人都配備一臺筆電，裡面有一個類似MSN的通訊系統，能讓全球的同事在登入後隨時對話或發起會議。

我當時覺得這個系統實在太厲害，有一種將所有同事都串聯在一起的感覺，甚至是高階主管們也不例外。而發起會議的契機也很有趣，有時並不僅僅是依賴上司的指派，更多時候，你可以自行延伸一個問題，邀請不同領域的同事或上司組成臨時的專案小組，嘗試去解決此問題並推動專案進展。

這個過程非常考驗獨立作業與跨領域合作的能力，當然，還有統整一切的能力。可以說，這種工作方式讓每個人都有機會主動掌控自己工作的節奏。

但在這個看似靈活的系統下，我也發現了一個潛在的問題——如果你不主動保留自己的時間，別人就會不斷地把你拉進各種會議和討論中。你的日程表會因此被填滿，有可能導致未來好幾個週期都被佔用。

有些人會覺得，我們應該時時刻刻保持忙碌，工作永遠是最優先的。但事實上，如果你沒有這段「專屬於自己」的時間，就會發現自己總是被牽著走，無法真正投入到自己想做的事情上，甚至迷失在各種雜務中。

職場新人尤其容易陷入這種狀態，覺得忙碌就等同於成功。然而，命運事實上只眷顧那些不斷學習和成長的人，而學習和成長則需要時間。如果我們不為自己留出那段完全屬於自己的時間，永遠處於忙碌和應對的狀態中，最終便很難達到真正的提升。

後來，我發現這不僅僅是在職場上保持效率的方法，而是生活中非常關鍵的一個理念。每個人都需要有意識地為自己安排一段時間，無論是用來思考、學習、提升自我或純粹放鬆。這就是所謂的「Me Time」。

我常提醒身邊的人，無論多忙，一定要留給自己一段「Me Time」，這段時間不應該被任何會議或雜事打擾。這不僅是一段放鬆的時間，更是一段讓自己沉澱、反思和重整的機會。透過這樣的安排，你會發現自己的工作效率提升，生活也變得更有節奏感。

如果你是職場新人，或者正感覺自己在忙碌中迷失了方向，請記得為自己設立「Me Time」，它能幫助你清晰地看見前方的路，並穩定地邁出每一步，也能增加你的幸福感。專注於自己想要的，找到內心的節奏，你會發現，成長與成功從來不是依賴外界，而是源自於你對時間、精力和狀態的掌控。

平衡／看遠

我一直都對行為經濟學特別感興趣，因為它揭示了我們經常忽略的事實：人其實並不總是理性的。經濟學假設我們會選擇對自己最有利的選擇，但在現實生活中，決策總是充滿情緒和偏見。

例如，前面篇章提及的「損失厭惡」，它的意思是，我們對失去的感受，往往比獲得的快樂更強烈。簡單來說，失去一百元的痛苦，遠遠超過了獲得一百元的喜悅。也就是說，失敗的感覺往往比成功的感覺強烈兩倍。

也就是這種心態，我們會很容易停滯於原地，難以前進。因為害怕損失，我們會變得不敢嘗試也不敢冒險，而因此錯過了成長和進步的機會。

假設今天你不小心掉了一百元，除了懊惱之外，你更該做的是往回推敲其原因。只要你能認真從這個反思過程中吸取教訓，這次的損失就會變成一次寶貴的經驗，這種經驗甚至比獲得那一百元更有價值。這就是一種對抗「損失厭惡」的平衡以及看遠的技巧。

學會如何平衡「損失」與「收穫」的感受，對於我們的成長至關重要。當你能夠跳脫當下的情緒，理性地看待這些得失，你就能真正地向前邁進。

請記住這個關鍵的觀念——如果你能夠持續學習，並從每次的失敗中吸取教訓，那麼這些看似的「損失」，其實都是未來收穫的養分。

人工智慧的備忘錄

在人工智慧迅速發展的如今，科技的進步似乎讓人感覺難以跟上。然而，歷史上每個時代的人都曾認為自己的時代發展過快。這讓我想起以下兩場飯局的啟發。

前陣子我參加了一場飯局，有幾位來自美國的資深教授在場。因為機會難得，且他們都是國際頂尖的大人物，於是我就向他們提出了幾個問題。

我問：「各位老師們還在念大學的時候，有沒有覺得自己和現在一樣，身處在一個科技飛速發展的時代？」

最資深的教授笑了笑，告訴我，那時大家其實還不常用「科技」這個詞，但確實也覺得當時社會不時會冒出各種新技術與新發明。

另一位坐在旁邊的老教授突然也開口了：「這是一個很有趣的問題。」因為他當時的確也一直感受到科技的迅速進步。他回憶道：「一開始是大磁碟片，後來越變越小，接著是CD-Rom，再到現在隨處可見的隨身碟和雲端硬碟。」

事實上，科技的進步從來沒有停下來過。就像身邊的一些朋友曾說過他們永遠不會使用智慧型手機，但如今他們每個人手裡都有一支。

科技的浪潮是無法抵擋的，想不跟著時代走都難。

我在之後的另一場飯局裡，也和一位資深教授聊到有關人工智慧的話題。他問我：「你會不會擔心人工智慧發展得太快，導致每個人都失去工作？」

或許這個問題已經是大家耳熟能詳的老梗，但我思考後回應他：「過去的工業革命也沒有讓大家失業，為什麼現在的人工智慧就會呢？」

他接著說：「洪老師，這次不一樣啊！人工智慧可能取代我們的頭腦，而不僅僅是像工業革命取代勞動力。」

我回答他：「換個角度想，如果人工智慧真的能替代我們的大腦，同時也提供我們勞動力，那未來我們每個人不就都像貴族一樣嗎？在過去的歐洲，貴族們不必勞動也不必為許多生活的各種事物勞心，像達爾文那樣的人反而可以專注於追求探索和創新，達成開創性的成就。」

「我們總是會找到新的價值。」

就實際情況而言，不同時期的科技進步，都會讓你擁有更多的生活品質與時間。這裡的重點在於，你能否善用科技與人工智慧的力量，不斷提升自己，並充分發揮自身潛能。目前，AI取代人類仍只是個虛構的故事，而未來AI是否真的可能取代人類也仍是個未知數，但你可以期待可能實現的各種可能性。

針對類似的問題，我發現人總是分成兩極，一種是悲觀且固守現狀的人，另一種則是樂觀且勇於面對挑戰的人。我建議你一定要成為樂觀且開拓的後者。

這才是最值得被採納的觀點，因為思想和視野可以不斷拓展，成就無限可能。

絕對不要因當前的困境或認知局限而過早下結論，畢竟你還沒看清全貌呢！多數情形下，樂觀的人確實容易被誤認為缺乏危機意識，因而被看輕。

然而，這世界已經不缺危言聳聽以及悲觀的人了（或許你也早已發現，這樣確實更容易吸引注意），但真正的重點是，千萬不要只看別人怎麼說，而是去觀察那些能不斷開創與成長的人究竟是怎麼做到的。你說呢？

不斷抱怨的人／持續學習的人

這個世界或許希望你平庸，但你完全有能力與權力，選擇一種獨樹一幟的平庸。如果你不持續學習，與時俱進，就很可能會錯過許多機會，而這一切，與你我息息相關。

命運只會眷顧那些一直在學習且持續成長的人。不論你是剛入職場的新鮮人，或是工作多年的老手，學習都是保持競爭力的關鍵。

學習不只是在書本上汲取知識，它還包括從生活中獲取經驗，從失敗中找出解決方案，並在挑戰中成長。

以一位剛入職場的年輕人為例，當他面對一個大家都不看好的專案時，他可能會覺得這環境不太友善，身邊的人也似乎不願意伸出援手。很多人可能會因此感到沮喪，但他卻選擇迎難而上，從中學習。

他開始思考專案的核心問題，不停地問自己是否有更好的方法，並主動請教有經驗的同事和前輩。最終，他以創新的方法成功完成了專案，獲得上司的讚賞，甚至開啟了更多的合作機會。類似的情況在各行各業都很常見。

相反地，如果他選擇不斷抱怨，指責公司環境差、同事不友善，並覺得自己無法成長，那麼他可能會陷入更大的困境，甚至失去工作機會。

因此，當你感覺自己遇到瓶頸，或因為害怕失去而猶豫不決時，請永遠記得：「命運只會犒賞那些不斷學習且持續進步的人。學會看得又遠又深，平衡得失，才能在成長的路上走得更遠也更穩。」

未來屬於持續學習的人，絕非ＡＩ。

第九大道

如果你只盯著眼前的損失，壓力會非常大，甚至會感覺難以承受；當你放眼未來，你會發現這些短期的挫折都只是成長的必經之路。

我特別喜歡《不當行為》這本書中的一張圖，它展示了從第九大道看向西方的視角（View of the World from 9th Avenue）。哈德遜河在圖中顯得非常巨大，而更遠一些的地方，如紐澤西、拉斯維加斯，或太平洋對岸的日本、中國、俄羅斯，都變得相對渺小。

這張圖非常具體地表現了我們的思維模式——眼前的問題總是被放大，遠方的目標則顯得簡單且不那麼精確。因此，我們要學會「看

遠」。當你擺脫眼前的短期誘惑，專注於長期的學習和積累時，才能走得更遠，真正脫穎而出。

在這個資訊爆炸、選擇過多的時代，眼前的誘惑常讓人迷失方向，誘導你選擇眼前的短期利益，卻忽略更長遠且更有價值的回報。這正是行為經濟學裡所說的「時間偏好」，即我們會高估短期的好處，而低估未來那具有爆發性的潛在收益。

真正能「看遠」且有長期眼光的人，懂得如何把每一次失敗和損失變為成長的機會；這是一個不斷學習且持續調整的過程。成功的要素在於能夠有效處理當前的挑戰，同時校準你所著眼的未來——那些能引領你走得更遠並帶來決定性改變的目標。

子彈筆記

- 變化本身才是唯一的不變。無論是職場新人或老手，持續學習是保持競爭力的關鍵。
- 學習不只是書本知識，還包括生活中的經驗和挑戰。從困難中吸取教訓，才能真正成長。
- 優秀的創意來自於對靈感來源的深入探究。了解靈感背後的邏輯，可以讓你的創意更加成熟且有深度。
- 每個人都有自己的學習步調。遇到瓶頸時，專注於自己的進步，而不是與他人比較。
- 專注於一個興趣並深入發展，往往能讓你在該領域中脫穎而出，超越那些多方嘗試卻淺嘗輒止的人。
- 在忙碌中為自己留出一段「Me Time」，能幫助你反思、學習並提升自我；這段時間是成長的基石。
- 別讓眼前的損失影響決策。學會從失敗中汲取養分，提醒自己要專注於長期的學習和成長。

「學習從來不是誰先開始就會贏，
真正的關鍵是要在穩定中慢慢進步。」

寫下專屬於你的高效能原則，
現在就開始執行吧！

後記

找到專屬於自己的原則

「對於那些我們必須學會才能做到的事，我們是靠邊做邊學。」——亞里斯多德

學習與改變，並不像我們想像的那麼艱難，往往只是一次細微的改變、一個小小的選擇，或是一個簡單且專屬於自己的原則。

這本書並不想為你提供捷徑，而是希望幫助你發現一種簡單且深刻的思考方式，並在此過程中陪伴你的每一步。

它將協助你構築屬於自己的原則——像是沿途明亮、清晰、獨特，又能讓自己會心一笑的路標，指引你前行，讓你不再迷失。

而當你再次開始認真探索並實踐這些原則時，你會發現這條道路不僅充滿了樂趣，還蘊藏著無盡的可能性，遠遠超出你當下的想像。

追求效率的反思

承認吧！從古至今，我們一直生活在一個高度重視效率的時代。各種速成課程和密集訓練層出不窮，讓人誤以為只要按照步驟走，就能輕鬆達成目標。或許它們聽起來都很誘人，但事實上，這些「捷徑」背後，往往隱藏著許多未曾被注意的陷阱。

真正的成長並非仰賴著這些噪訊，而是建立在深入理解的基礎與實踐上。透過不斷地實踐、整理與精進，才能將所學的知識內化，真正改變並提升知識與行為。

請記住，任何缺乏深度的學習，最終都會如同過眼雲煙，無法在心中長久停留，也無法帶來真正的變化。

不要忘記這本書給予你的提醒：「在這個日新月異的世界中，放慢腳步，給自己時間與空間，讓內心保持溫暖，聚焦於那些更具深度與意義的改變。」

謝謝你

這麼多年過去了，我自己也變得不一樣了。

在第一本書出版後，我才驚覺，原來內心深處還有這麼多未完成的想法，渴望與大家分享。那一刻我明白了，每次的成長與改變都並非結束，而是開啟了更多的可能。

或許這正是學習與成長最美妙的地方——每一次以為已經到達終點時，又會發現新的起點、靈感與方向。這讓我不斷地探索與反思，並深刻體會到真正的旅程，永遠沒有終點。當我們回過頭看，才會發現自己已經邁出更遠的一步。

對於正在學習、成長並渴望突破的你，我想對你說：「不要急，放慢腳步。」「這個世界喧囂紛亂，你需要用心去感受，踏實走好每一步。」

也許改變一開始看起來微不足道，但隨著你不斷努力與堅持，它會在不經意間，逐漸帶來深邃的影響。

這本書的完成，離不開許多人的支持與陪伴。

特別感謝有鹿的夥伴們。詩人悔之社長的指導與啟發，讓我看見文化底蘊的無限可能。感謝煜幃、旻潔與凱瀚的支持與幫助，讓這段旅程充滿驚喜與收穫。

還要感謝全臺最熱情的男人——家德兄，是他讓我理解，原來熱情與利他可以如此美妙地融合在一起。

但最重要的，我最想感謝的人，必須是你。謝謝你翻開這本書，給它一個陪伴你的機會。

「對我而言，這就是一份無比珍貴的禮物。」

最後的最後，我希望這本書不僅能為你帶來一點啟發，更希望它能成為你學習與成長路上一盞微弱卻堅定的燈，為你照亮前行的路。讓它帶來指引、自信與希望，幫助你構築旅途中不可或缺的一部分。

請記得，不論你處於哪段旅程，請給自己多一些時間和空間，學會聆聽自己，去擁抱每一個當下。

願這本書成為我們在旅途中的一段溫馨連結。
我們一起，永不停歇。

先降噪，再聚焦

看世界的方法 278

做自己的人生規劃師，
建立「消除雜訊、激發潛能」的高效能原則。

作者——洪 瀞

責任編輯——蔡旻潔
美術設計——吳佳璘
攝　影——林煜幃

發行人兼社長——許悔之
總編輯——林煜幃
設計總監——吳佳璘
企劃主編——蔡旻潔
行政主任——陳芃妤
編輯——羅凱瀚

藝術總監——黃寶萍
策略顧問——黃惠美．郭旭原
郭思敏．郭孟君．劉冠吟
顧問——施昇輝．林志隆．張佳雯
法律顧問——國際通商法律事務所
邵瓊慧律師

出版——有鹿文化事業有限公司｜臺北市大安區信義路三段106號10樓之4
T. 02-2700-8388｜F. 02-2700-8178｜www.uniqueroute.com
M. service@uniqueroute.com

製版印刷——沐春行銷創意有限公司

總經銷——紅螞蟻圖書有限公司｜臺北市內湖區舊宗路二段121巷19號
T. 02-2795-3656｜F. 02-2795-4100｜www.e-redant.com

ISBN——978-626-7603-12-3
初版——2025年1月

定價——400元

先降噪，再聚焦：做自己的人生規劃師，建立「消除雜訊、激發潛能」的高效能原則 / 洪瀞著 —初版．

—臺北市：有鹿文化，2025.01 面：14.8×21 公分 —（看世界的方法；278）

ISBN 978-626-7603-12-3（平裝） 1. 自我實現 2. 成功法 3. 工作效率　　177.2………… 113018551

讀者線上回函

更多有鹿文化訊息